传家·知识

CHUANJIA·ZHISHI

# 让青少年受益一生的

# 受益一生的

# 经济学知识

褚泽泰 编著

政府

北京出版集团
北京出版社

图书在版编目（CIP）数据

让青少年受益一生的经济学知识／褚泽泰编著．—
北京：北京出版社，2014.1
　（传家·知识）
　ISBN 978 – 7 – 200 – 10273 – 4

Ⅰ．①让… Ⅱ．①褚… Ⅲ．①经济学—青年读物②经
济学—少年读物 Ⅳ．①B0 – 49

中国版本图书馆 CIP 数据核字（2013）第 281007 号

传家·知识

## 让青少年受益一生的经济学知识
RANG QING-SHAONIAN SHOUYI YISHENG DE JINGJIXUE ZHISHI
褚泽泰　编著

\*

北 京 出 版 集 团 出版
北 京 出 版 社
（北京北三环中路 6 号）
邮政编码：100120

网　　址：www．bph．com．cn

北 京 出 版 集 团 总 发 行
新 华 书 店 经 销
三河市同力彩印有限公司印刷

\*

787 毫米×1092 毫米　16 开本　12 印张　170 千字
2014 年 1 月第 1 版　2023 年 2 月第 4 次印刷
ISBN 978 – 7 – 200 – 10273 – 4
定价：32.00 元
如有印装质量问题，由本社负责调换
质量监督电话：010 – 58572393
责任编辑电话：010 – 58572775

# 前　言

如果常看新闻，你一定不会对这些词感到陌生：宏观调控、物价指数、消费指数、利率、GDP（国内生产总值）……这些词虽然出镜频率极高，但是，你能说出它们的准确含义吗？

随着时代变化，昔日被"束之高阁"的经济学名词，就像浪潮一样扑向平民百姓。正如不积累些典故难以读懂古诗，如今，不掌握些经济学知识，想看懂新闻都变难了。曾几何时，经济学是普通人望而生畏的概念，而在如今的现实社会里，它已经是我们最需要的学问之一了。

其实，经济学并不高深莫测、遥不可及，它真实存在于生活的每一个地方，伴随在大千世界中每一个人的身边。从经济学的发展历程来看，始终与我们的生活息息相关：经济学往大了说是"经世济民之学"，往小了说是"经济实惠之学"，人人都能从经济学中淘到自己需要的宝贝。

有这样一个故事：

地狱里放着一锅肉汤，一群人围着肉汤，每个人手里都拿着一把可以够到锅子的汤匙，但汤匙的柄比他们的手臂长，没办法把东西送进嘴里。"天哪，这可怎么办哪？"他们一个个饥饿万分，充满着绝望与痛苦。

而天堂里也放着一锅汤，一群人围着肉汤，每个人都拿着长过手臂的汤匙，可他们有说有笑，愉快地喝着肉汤，一个个红光满面，快乐而幸福。原因很简单：地狱里的人只想着用长柄汤匙喂自己，天堂里的人却想着用长柄汤匙去喂别人。

这个故事有助于说明什么是经济学。人类要生存就离不开物质财富的生产。但是不同的社会组织方式，不同的人际关系安排，生产财富的效率是非常不同的。经济学就是研究人类社会如何组织，实现高效地生产财富的一门学问。如果人人都试着用经济学去看待问题、解析问题，也许我们会得到意想不到的答案：

只要有市场存在，供不应求涨价，供过于求落价；因为有价格的波动，和人类追逐利益的本性，各种资源会随着价格变化而流动到最需要的地方去；电厂生产出来的每度电有许多种用途，在价格的引导下它会被用于最迫切需要的地方；同时由于替代的可能，粮食可以用水果、肉类来替代，石油可以用煤炭、原子能来替代等等，社会的生产和消费结构具有弹性，以适应地球资源的约束……

英国文豪萧伯纳说："经济学是使人幸福的学问。"的确如此，我们所处的时代是一个经济化的时代，凡事均可用经济学来分析、求解。《让青少年受益一生的经济学知识》一书列举了"沉没成本""价值悖论""刚性需求""棘轮效应""税收""利率""节俭悖论""货币升、贬值"等一系列生活中的实事，以通俗易懂的方式，从经济学的视角，对一些常见的经济知识进行了解读。从经济学的基础词汇，到经济学的各种理论知识，书中生动的讲解能让广大青少年读者在轻松愉悦的氛围中学习这门现代生活中必备的知识，使其从小就具备经济学思维，为未来的财富人生提前做好规划。

　　就跟文学、数学、历史、美术一样，经济是一门学科，一个领域。经济世界异彩纷呈，如同一只迷人的万花筒。经济学是块财富宝藏，蕴涵着幸福的秘诀，影响着我们的衣食住行，决定着我们的生活贫富。青少年是处于人生最重要阶段的一群人，他们的人生观开始形成。通过对经济学知识的掌握，青少年可以进一步增长自己看待财富、处理金钱、衡量利益的财富智商与情商，从而懂得怎样赚钱，怎样花钱，怎样做钱的主人，而不做钱的奴隶。无论是老师还是家长，都应引领青少年朋友们通过多种活动走进经济学的世界，接触更多经济学知识，叩问更多经济学问题。

# 目　录

第一章

市　场

# 市场：看不见的手

在谈到市场时，我们常常会提到"看不见的手"，因为"看不见的手"是市场机制的同义替代词。1787 年，亚当·斯密到伦敦与他的忠实信徒、英国历史上著名的首相皮特见面。斯密最后一个到达会面地点，当他一进屋时，所有人起立欢迎他。斯密说："诸位请坐。"皮特回答说："不，您坐下，我们再坐，我们都是您的学生。"皮特对斯密如此恭敬，原因在于斯密提出的"看不见的手"的原理为当时各界名流奉为经典。即使到现在，斯密的观点仍然是现代经济学的中心。

1776 年英国经济学家亚当·斯密在《国富论》中提出一个命题。最初的意思是，个人在经济生活中只考虑自己利益，受"看不见的手"驱使，即通过分工和市场的作用，可以达到国家富裕的目的。后来，"看不见的手"便成为表示资本主义完全竞争模式的形象用语。这种模式的主要特征是私有制，人人为自己，都有获得市场信息的自由，自由竞争，不需政府干预经济活动。

斯密较为详细地描绘了看不见的手作用的过程："每种商品的上市量自然会使自己适合于有效需求。因为，商品量不超过有效需求，对所有使用土地、劳动或资本而以商品供应市场者有利；商品量少于有效需求对其他一切人有利。"

如果市场上商品量一旦超过它的有效需求，那么它的价格的某些组成部分必然会降到自然率以下。如果下降部分为地租，地主的利害关系立刻会促使他们撤回一部分土地；如果下降部分为工资或利润，劳动者或雇主的利害关系也会促使他们把劳动或资本由原用途撤回一部分。于是，市场上商品量不久会恰好足够供应它的有效需求，价格中一切组成部分不久就升到它们的自然水平，全部价格又与自然价格一致。

反之，如果市场上商品量不够供应它的有效需求，那么它的价格的某些组成部分必定会上升到自然率以上。如果上升部分为地租，则一切其他地主的利害关系自然会促使他们准备更多土地来生产这种商品；如果上升部分是工资和利润，则一切其他劳动者或商人的利害关系也会马上促使他们使用更多的劳动或资本，来制造这种商品送往市场。于是，市场上商品量不久充分供应它的有效需求。价格中一切组成部分不久都下降到它们的自然水平，全部价格又与自然价格一致。"

参与经济生活的每个人在一种利益机制的制约下，都不得不去适应某个一定的东西，这就是有效需求。假若劳动、土地或资本在某一行业比另一行业获致较高的报酬，这些生产要素的所有者将把它们从报酬较少的行业转移到这些行业上来。原来供过于求的行业提供的较少报酬引致部分业主向报酬高的行业转移，直到所提供的报酬与其他行业大致相等为止，而原来供不应求的行业因为新的业主的加入而报酬降低，直到与其他行业报酬大体相同为止。每个人适应社会有效需求的努力，使得供给与需求达到均衡，尽管这个均衡可能是暂时的，大多数情况是或者供过于求，或者供不应求。但会适时得到修正，重新回到均衡。均衡状态，对一切人有利。

在商品经济或市场经济下，都存在有一只看不见的手在幕后调节参与经济生活的每个人的行为，调节着有限的社会资源合理地在各部门和各生产者之间的配置。这是一只只要有商品交换行为就存在的手，商品经济条件下无所不在的手。

亚当·斯密的后继者们以均衡理论的形式完成了对于完全竞争市场机制的精确分析。在完全竞争条件下，生产是小规模的，一切企业由企业主经营，单独的生产者对产品的市场价格不发生影响，消费者用货币作为"选票"，决定着产量和质量。价格自由地反映供求的变化，其功能一是配置稀缺资源，二是分配商品和劳务。通过看不见的手，企业家获得利润，工人获得由竞争的劳动力供给决定的工资，土地所有者获得地租。供给自动地创造需求，储蓄与投资保持平衡。通过自由竞争，整个经济体系达到一般均衡，在处理国际经济关系时，遵循自由放任原则。政府不对外贸进行管制。"看不见的手"反映了早期资本主义自由竞争时代的经济现实。

看不见的手，揭示自由放任的市场经济中所存在的一个悖论。认为在每个参与者追求自己的私利的过程中，市场体系会给所有参与者带来利益，就好像有一只吉祥慈善的看不见的手，在指导着整个经济过程。

市场机制就是依据经济人理性原则而运行的。在市场经济体制中，消费者依据效用最大化的原则做购买的决策，生产者依据利润最大化的原则做销售决策。市场就在供给和需求之间，根据价格的自然变动，引导资源向着最有效率的方面配置。这时的市场就像一只"看不见的手"，在价格机制、供求机制和竞争机制的相互作用下，推动着生产者和消费者作出各自的决策。

正常情况下，市场会以它内在的机制维持其健康的运行。其中主要依据的是市场经济活动中的理性经济人原则，以及由理性经济人原则支配下的理性选择。这些选择逐步形成了市场经济中的价格机制、供求机制和竞争机制。这些机制就像一只看不见的手，在冥冥之中支配着每个人，自觉地按照市场规律运行。

# 生产要素的作用：国民经济的活力细胞

生产要素是指维系国民经济运行及市场主体生产经营过程中所必须具备的基本因素。现代西方经济学认为生产要素包括劳动力、土地、资本、企业家才能四种。实际上，随着科技的发展和知识产权制度的建立，技术也作为一种相对独立的要素投入生产。这些生产要素进行市场交换，形成各种各样的生产要素价格及其体系。

需要明确的是，劳动是指人类在生产过程中体力和智力的总和。土地不仅仅指一般意义上的土地，还包括地上和地下的一切自然资源，如江河湖泊、森林、海洋矿藏，等等。资本可以表示为实物形态和货币形态，实物形态又被称为投资品或资本品，如厂房、机器、动力燃料、原材料等等；资本的货币形态通常称之为货币资本。企业家才能通常指企业家组建和经营管理企业的才能。

为了更好地理解生产要素的价格，我们从一个故事说起。在一次世界珠宝拍卖会上，有一颗叫作"月光爱人"的钻石吸引了顾客的眼球，它晶莹剔透、光彩夺目，最后卖出了8000万元的最高价。这颗钻石是谁生产的？很多人都在抢功劳。这颗钻石是由"梦幻"珠宝公司在位于南非的一座矿山中挖掘出来的。"梦幻"公司的老板托尼洋洋得意地说："我当初决定购买这座矿山开采权的时候，就觉得这里面一定有宝藏，现在果然应验了。"挖掘队队长鲍勃不服气了，说："为了挖到这颗钻石，我和同事付出了艰辛的劳动。我们夜以继日地工作，几乎找遍了矿山的每个角落，好不容易才发现了它。"而向"梦幻"公司提供挖掘设备的厂商说："我们公司的机器设备是世界一流的，如果没有我们提供的挖掘机，他们不可能在 50 米深的矿井中挖到这颗钻石。"最后，南非政府的官员说："只有在我们国家的土地上才能找到如此珍贵的钻石。在我们的国土下面还埋藏着数不尽的矿藏资源，欢迎各国企业家来投资开采。"

在这个故事中，大家都认为自己对生产钻石的功劳最大，其实离开了哪一方都不能成功。他们都是生产要素的提供者，理所当然地获得相应的报酬：提供劳动的获得工资，提供资本的获得利息，提供土地的获得地租，提供企业家才能的获得利润。工资、利息、地租和企业利润就分别是生产要素劳动、资本、土地和企业家才能的价格。

（1）劳动的价格——工资

劳动的需求取决于最后增加的工人所增加的收益，即边际收益。劳动的供给取决于劳动的成本，它包括实际成本与心理成本。实际成本是维持劳动者及其家庭生活必需的生活资料的费用和培养、教育劳动者的费用；心理成本是以牺牲闲暇的享受为代价的给劳动者心理上带来的负效用。正是因为这个心理成本，才会有"向后弯曲的劳动供给曲线"。工资的高低取决于劳动的需求与供给这两方面的共同作用。

（2）资本的价格——利息

利息是货币所有者放弃现期消费把货币转化为资本所得到的报酬。利息取决于资本的供给与需求。资本的供给取决于收入以及消费在收入中能占有的比例；资本的需求取决于预期，即人们对未来不确定因素的看法。

有一则故事说的是，一个画家总不得志，作品卖不出去，当谎称画家已经死了，本来卖不出去的画价格狂升。为什么该画家的作品价格狂升呢？艺术品的价格取决对该艺术品的需求与供给，画家既然死了，他的作品的供给不会增加了，其价格就取决于需求。需求主要来源于欣赏与投资，而投资是为了保值与增值。在各种投资物品中，有价值的艺术品升值的速度最快。投资的收益在未来，所以出于投资动机买画的欲望取决于对未来升值的预期。一个画家死后，人们对其作品在艺术史上的地位及未来升值前景都是一种猜测。如果评论家此时对他的作品大家赞扬，这不仅会影响人们的欣赏偏好，也会提高人们的预期，认为该画家的作品未来价格会上扬。这种预期使购买者增加，这就推动了它现在价格的上升。现在价格的上升又会进一步拉高人们的预期，于是这种价格与预期的相互作用把已故画家的作品炒到了天价。

（3）土地的价格——地租

除非你决定在气球上经营你的公司，否则土地对任何商业活动都是最基本的生产要素。土地的基本特征是，数量固定，对价格完全缺乏弹性。为在一定时期内使用土地而支付的价格称为土地的租金。地租由土地的需求与供给决定。由于土地的供给是固定的，这样土地的供给曲线就是一条与横轴垂直的线。随着经济的发展，对土地的要求不断增加，这就使得地租有不断上升的趋势。

（4）企业家才能的价格——利润

利润分为正常利润和超额利润，正常利润是企业家才能的价格，超额利润是超过正常利润的那部分利润，它来源于创新、风险或垄断。创新是社会进步的动力，风险也是难免的，需要超额利润来补偿，所以由创新和风险产生的超额利润是合理的。由行政权力和寻租活动造成的垄断所引起的超额利润是垄断者对消费者的剥削，是不合理的。

在行业垄断下，谁拥有垄断权，谁掌握了垄断资源，谁的工资福利就高，待遇就好，这已成了工资分配秩序的一个"潜规则"。高工资福利待遇的背后并不是高贡献、高效率，恰好相反，由于垄断扼杀了竞争，使得垄断企业缺乏竞争的动力，效率低下。

## 劳动力市场：失业总是暂时的

劳动力市场是市场体系的组成部分，是交换劳动力的场所，即具有劳动能力的劳动者与生产经营中使用劳动力的经济主体之间进行交换的场所，是通过市场配置劳动力的经济关系的总和。劳动力市场交换关系表现为劳动力和货币的交换。

建立劳动力市场是市场经济条件下实现人力资源优化配置的有效手段。劳动力市场的作用是调节劳动力的供求关系，使劳动力与生产资料的比例相适应，实现劳动力合理配置，使企业提高劳动生产率，提高经济效益，保证社会再生产的正常进行。

劳动力市场与一般商品市场相比具有以下特点：一是区域性市场为主。劳动力市场和其他商品市场一样，也应是全国统一的市场。但是，由于社会生产力在各地区发展水平不平衡，原始手工业、传统的大机器和现代技术产业并存，劳动力的素质相差悬殊，职业偏见的存在，再加上地区分割等，阻碍了劳动力在全国范围流动，大多数只能在区域内运转，只有少数高科技人才可在全国范围内流通，从而形成的主要是区域性市场。二是进入劳动力市场的劳动力的范围是广泛的，一切具有劳动能力并愿意就业的人都可以进入劳动力市场。我国由于劳动力资源丰富，随着科技进步、劳动生产率不断提高，以及经济体制改革的进行，农村出现剩余劳动力，加上国有企业和国家机关的富余人员，因而在一个相当长的时间里，我国劳动力供大于求，形成买方市场。三是劳动力的合理配置主要是通过市场流动和交换实现的，市场供求关系调节着社会劳动力在各地区、各部门和各企业之间的流动；劳动报酬受劳动力市场供求和竞争的影响，劳动力在供求双方自愿的基础上实现就业。劳动力的市场配置行为，不可避免地会出现劳动者由于原有的劳动技能不能适应新的经济结构的变化而产生的结构性失业现象。

在市场经济下，劳动力是一种特殊商品。既然是商品，就具有商品的基本特点。但劳动力作为特殊商品，与普通商品又有不同：

（1）劳动力供求关系的表现形式不同。工资是劳动力的价格，工资具有刚性，一般情况下只能涨不能降，这是劳动力价格与普通商品价格的重要不同点。因此，当劳动力供不应求时工资就会上涨，供大于求时不是出现工资的下降，而是出现失业。

（2）劳动力与其消费者之间的关系不同。普通商品卖给消费者后，购买者即对该商品拥有所有权和任意处置权，而劳动力商品出卖的只是劳动者的劳动，不是劳动者本人，劳动力商品的主要消费者是法人，法人与劳动者之间的关系是契约关系，法人不拥有对劳动者的所有权和任意处置权，对劳动者的管理必须受到法律的约束。

（3）劳动力之间及劳动力与普通商品之间的需求关系不同。在普通商品之间，同类商品有竞争关系，对 A 品牌商品需求大了，对 B 品牌商品的需求就会小；不同类商品之间也存在变相的竞争关系，在购买力一定时，对 A 类商品需求大了，对 B 类商品的需求就会小。劳动力商品则不同。劳动力需求增加，会使社会购买力增加，从而使其他商品的需求增加，进而会使劳动力的需求增加；一种劳动力需求增加会由于互补关系使其他劳动力的需求相应增加。反过来，一般商品需求增加，也会使劳动力的需求增加。只有机器与劳动力存在竞争和替代关系。

（4）劳动力在具有商品属性的同时，具有人的基本要求，即有生存的权利、有劳动的权利、有获得尊重的权利，还有发展的权利。劳动力使用价值的发挥与这些权利的满足程度是密切相关的，劳动力的这些权利与企业的要求是一对矛盾的统一体，既有一致的地方，又有矛盾的地方，当这对矛盾处理得比较好时，劳动力的积极性就会高，劳动力的使用价值就会得到比较充分的发挥，反之，劳动力就会消极怠工，甚至会产生对企业和社会的破坏作用。因此，不能像对待普通商品那样简单地对待劳动力，企业必须采取有力措施保证就业者的基本要求。

（5）劳动力同时具有多种不同的使用价值，既可以服务于多种生产，又可以服务于多种消费，而且劳动力具有自身价值和使用价值的提升能力，即有学习能力，通过学习和培训可以使劳动力的使用价值得到不断提高，或者获得新的使用价值，从而使劳动力自身主动适应市场供求关系的变化，在不同行业和企业之间进行转移和调整，从而满足产业结构不断升级的要求。

（6）普通商品供给有弹性，而劳动力的供给无弹性。从总量上说，当普通商品出现供大于求时可以削减供给，供不应求时可以迅速增加供给。而劳动力的供给具有刚性，供大于求时无法减少供给，供不应求时也很难增加供给。由于这个特点，调节劳动力在各不同行业之间流动的主要是工资水平，劳动生产率和工资水平高的行业和企业劳动力供给就比较充裕，而工资水平低的行业和企业就经常出现劳动力短缺。

（7）供求关系的调节因素不同。普通商品的供求主要是通过价格调节，而劳动力的供求不完全按照工资调节，决定劳动力流向的除了工资，还有社会地位、工作条件、工作地点、发展前景等非价格因素，那些高素质而市场上又短缺的劳动力往往还要求参与利润的分配。

因此，劳动力既然是商品，劳动力市场就会出现供大于求的状况，这种状况就是通常所说的失业。从全社会来说，由于企业竞争和结构调整总是不断进行的，因此，失业状态也就是经常存在的。而且一定比例失业的存在有助于形成劳动力的买方市场，促进劳动力之间的竞争，对劳动力整体素质的提高有积极意义。对每个失业者来说，通过学习、培训和寻找过程总能找到新的工作岗位，因此，失业总是暂时的。

# 工资：大学生为什么不如民工

按经济学家的说法，工资是劳动的价格。它和任何一种物品与劳动力的价格一样取决于供求关系。劳动市场上，工人提供劳动，这就是劳动的供给，企业雇佣劳动，这就是劳动的需求。当劳动的供给与需求相等时，就决定了市场的工资水平，称为均衡工资。因此，工资水平的高低取决于劳动的供求。

劳动的价格即工资，对于比较不同国家和不同时期的工资水平很重要。实际上，人们的工资差别很大，普通工资就像普通人一样难以定义。在美国，汽车公司总裁一年能挣500万美元以上，而办事员仅能挣2万美元，医生的收入则是救生员的10—20倍，如此等等。

我们如何解释工资的这些差异呢？让我们先考虑完全竞争的劳工市场，在这个市场上有大量的劳工和雇主，谁也没有力量有效地影响工资水平。如果在一个完全竞争的劳工市场上所有的工作和所有的人是相同的，竞争使每小时工资水平完全相等，没有一个雇主会为一个劳工的工作支付比与他相同的劳工或具有相同技巧的劳工更高的工资。

在西部某城市的一家面馆，这里生意兴隆，3名年轻服务生跑前跑后，端盘子、擦桌子、倒茶水、拖地板……忙得不可开交，一个个稚气未脱的脸颊上流淌着汗水。一位吃面的顾客问一位女服务生："生意这么好，老板一个月发给你多少工资？"女孩低声回答："300元。"顾客吃完面，出门时看到了正在烤羊肉串的一个小伙子，于是又问小伙子："一个月挣多少钱啊？"小伙子回答："不多，就300块。"这位顾客感叹着走了：这么少的工资怎么能维生呢？同样的地方，在一家被服厂干活，女工们的工资却仅仅有150元。看到这样的情景，很多人都愤愤不平，都以为面馆和被服厂的老板是典型的剥削分子，这么少的工资怎么让这些服务人员维生呢？这不是剥削是什么？其实造成这种低工资现象的原因，除了跟老板压低工资有关外，还跟社会对劳动力总需求有直接关系。

无论是面馆老板支付给服务生的300元，还是被服厂老板每月支付给女工的150元工资是高还是低，不取决于工资的多少，而取决于供求的状况。在小老板所在的地方，农村有大量剩余劳动力，农村的收入也远远低于每月150元的水平，因此会有大量农村劳动力想来此找份工作。在被服厂或在饭馆做服务生都是一种极为简单的工作，任何人都可以胜任。当农村存在大量剩余劳动力时，从事这一简单工作的人是很多的，这就是说，劳动的供给远远大于需求。但当地工业不发达，像这样生产花被的企业也不多，对这种简单劳动的需求并不大。根据供求规律，供给多而需求少，工资水平低就是正常的。小老板能以每月150元的工资雇到他所需要的工人，说明从供求关系来看，这种工资水平还是合理的。

工资低而产品价格高，小老板当然利润丰厚。但既然允许私人企业存在与发展，这种丰厚的利润也无可厚非。无论开饭馆还是被服厂，老板们的意图都是赚取高额利润。小老板并不是慈善家，他办企业的目的是实现利润最大化。

在产品价格既定时，增加利润只有压低成本，所以，小老板只要能雇到工人就尽量压低工资成本是一种理性行为，无可非议。美国有位经济学家曾指出，在发展中国家里，当劳动供给无限时，以低工资雇佣劳动是利润的主要来源，这种利润可用于投资，对经济发展是有利的。应该说，从整个社会的角度看，小老板赚了钱或用于投资扩大生产，或用于消费刺激需求，都是对社会有利的。

当然，劳动者所获得的工资等报酬，会因质量、行业、分工等不同而产生差异。产生工资差异的背后原因主要有以下几个方面。

（1）劳动质量的差异

判断身价高不高，工资少不少，不能单纯看学历高不高，而应该看他创造的劳动价值与工资待遇是否成正比。现在的大学生工资不如农民工一个重要的原因是，大学生虽然学历层次较高，但是由于目前大学专业设置与市场需求之间存在结构性失衡的矛盾，大学生往往没有从事与其学历相适应的工作，其工作技术含量并不高，创造的价值并不大。而农民工工资上涨，很大一部分原因是现在的农民工经过社会实践，拥有了一定工作经验和技术，其工作质量比较高。

（2）行业的差异

在一个完全竞争的劳工市场，任何一个老板都不会愿意为一个劳工的工作支付比他相同的劳工或具有相同技巧的劳工更高的工资。这就意味着，在解释不同行业的工资差别时，我们必须考虑行业之间的差异。

（3）工种之间的差异

工作之间的巨大差别有一些是由于工种本身的质量差别造成的，各工种的吸引力不同，因此必须提高工资诱导人们进入那些吸引力较小的工种。例如一个上夜班的人其工资一般比上白班的人工资要高。

（4）不同个体之间的差异

不同的劳动者劳动效率也是不一样的，为了奖勤罚懒，所以我们需要给劳动效率高的人高工资，以奖励他们努力工作；而对低效率者低工资，促使他们改进工作，提高工作效率。

# 交易费用：在售价之外，你注意到了什么

交易费用又称交易成本，最早由美国经济学家罗纳德·科斯提出。他在《企业的性质》一文中认为交易成本是通过价格机制组织产生的，最明显的成本就是所有发现相对价格的成本，市场上发生的每一笔交易的谈判和签约的费用，以及利用价格机制存在的其他方面的成本。

交易费用的提出，具有非常重要的意义。经济学是研究稀缺资源配置的，而交易费用理论表明交易活动也是稀缺的。市场的不确定性导致交易是冒风险的，因此说交易活动是有代价的，从而有了如何配置交易活动的问题。至此，资源配置问题成为经济效益问题。所以，一定的制度必须提高经济效益，否则旧的制度将会被新的制度取代。这样，制度分析真正纳入到经济分析当中来。

无论是企业内部交易，还是市场交易，都存在着不同的交易费用。但是，我们在购买商品的时候，往往忽视了购买商品的交易费用。《韩非子》里有一则"郑人买履"的故事。

有个郑国人，想要到集市上去买鞋子。早上在家里时量了自己的脚，把量好的尺码放在了他自己的座位上。到了集市的时候，却忘了带量好的尺码。当他拿起鞋子的时候，才想起自己忘了带尺码，于是对卖鞋子的人说："我忘记带量好的尺码了。"就返回家去取量好的尺码。等到他返回集市的时候，集市已经散了，最终没有买到鞋。有人问他说："你为什么不用你的脚试鞋呢？"他说："宁可相信量好的尺码，也不相信自己的脚。"

"郑人买履"的寓言意在讽刺那些固执己见、死守教条、不知变通、不懂得根据客观实际采取灵活对策的人。单从"郑人"买鞋的结果来看，他在集市与家之间往返两趟，浪费了大量时间和精力，最终还是没有买到鞋子。用经济学的话来说，他的交易费用实在是太高了。

我们再看生活中的具体例子。小李对他的女儿视若明珠，一天，女儿想吃饺子。于是，小李清早便去排队买饺子皮，没想到排队买饺子皮的人实在太多了。等了半天之后，终于轮到他了。等他买完饺子皮回家，再急急忙忙赶去上班，还是迟到了5分钟。如果直接购买，不用排队，就不用承担迟到的损失了。

小李买饺子皮排队所花的时间和迟到所受到的损失，就是他的交易成本。

学术界一般认可交易费用可分为广义交易费用和狭义交易费用两种。广义交易费用即为了冲破一切阻碍，达成交易所需要的有形及无形的成本。狭义交易费用是指市场交易费用，即外生交易费用。包括：搜索费用，谈判费用以及履约费用。

总体而言，可将交易成本区分为以下几项：

商品信息与交易对象信息的搜集，在琳琅满目的商品种类中寻找到自己所需要的，必定要付出一定的时间或精力，这就是搜寻成本。

取得交易对象信息与和交易对象进行信息交换所需的成本，这就是信息成本。

交易成本还包括议价成本，针对契约、价格、品质讨价还价的成本。在讨价还价中，所耽误的时间理应计算在内，当然还有双方调整适应不良的谈判成本。

此外，有决策成本，即进行相关决策与签订契约所需的内部成本。

交易发生后，当违约时也要付出一定的成本。

在生活中，我们每个人为了实现自己的交易行为，都要以不同的形式支付交易成本。如果你是一个烟民，明明知道楼下小商店的香烟的价钱比商场里的要贵5毛钱，但你还是在楼下小商店里买。虽然我们可能根本没有注意到交易成本的概念，其实这个行为本身已经蕴含了交易成本的概念。我们简单地来分析一下：在楼下小商店里买香烟，虽然贵 5 毛钱，但你只需要下楼就能够买到香烟。倘若去商场，你要乘车，或要多走很长时间的路，其中所消耗的时间，是你并不愿意支付的。多花 5 毛钱，为自己节省了大量时间和精力，对于绝大多数人来说是很合算的。也就是说，楼下小商店在定价的时候，已经将你的交易成本算进去了。

　　交易成本是人与人之间交易所必须的成本。对于每个不同的人来说，其自身的交易成本是不同的。在菜市场上可以看到不少老太太与小商贩为几毛钱的菜价而讨价还价。这是因为，老太太已经退休，她用来讨价还价的时间并不能作他用，如果能买到便宜的蔬菜，就是降低自己的生活成本了。但是如果放到年轻人身上，贵几毛钱就贵几毛钱吧，有讨价还价的时间还不如抓紧时间多挣钱。

# 第二章

## 生产成本

# 边际成本：只收乘客 30 元亏了吗

边际成本是指增加一单位的产量随即而增加的成本。边际收益是指增加一单位产品的销售所增加的收益，即最后一单位产品的售出所取得的收益。它可以是正值或负值。

日常生活中，人们常常会碰到需进行边际分析的问题。譬如，E-leven 店都是营业 24 小时，而不是早八点到晚九点营业。从经济学上来考虑：24 小时营业当然要额外（边际）花费一些成本（如水电费、营业员的工资等），但是也会有一定的额外收益（就是多开 11 小时门的营业收入），只要额外收的钱比额外成本要高便可以干。

在经济学上，这"额外"的部分便称之为"边际"，而把由某项业务活动引起的边际收入去和它的边际成本（而不是全部成本）相比较的方法，就叫边际分析法。

从北京开往石家庄的长途车即将出发。客车的票面价格是 50 元。一个匆匆赶来的乘客见一家国营公司的车上尚有空位，要求以 30 元上车，被拒绝了。他又找到一家也有空位的私人公司的车，售票员二话没说，收了 30 元允许他上车了。哪家公司的行为更理性呢？乍一看，私人公司允许这名乘客用 30 元享受 50 元的运输服务，当然亏了。但如果用边际分析法分析，私人公司的确比国营公司精明。

当我们考虑是否让这名乘客以 30 元的票价上车时，实际上我们应该考虑的是边际成本的概念。边际成本是增加一名乘客所增加的收入。在我们这个例子中，增加这一名乘客，所需磨损的汽车、汽油费、工作人员工资和过路费等都不需增加，对汽车来说多拉一个人少拉一个人都一样，所增加的成本仅仅是发给这个乘客的食物和饮料，假设这些东西值 10 元，边际成本也就是 10 元。边际收益是增加一名乘客所增加的收入。在这个例子中，增加这一名乘客增加收入 30 元，边际收益就是 30 元。

在我们的例子中，私人公司让这名乘客上车是理性的，无论那个售票员是否懂得边际的概念与边际分析法，他实际上是按边际收益大于边际成本这一原则作出决策的。国营公司的售票员不让这名乘客上车，或者是受严格制度的制约（例如，售票员无权降价），或者是头脑中缺"边际"这根弦。

从经济学来分析这一现象，说明商品有两种价格，一是它的生产成本；二是消费者愿意出的价格。前者位于商品的边际成本线上，后者位于消费者的需求线上。这两种价格是彼此独立的，互相不发生影响。企业应该明白这样一个道理，即价格应定在边际成本上，边际成本就是指在一定产量水平下，增加或减少一个单位产量所引起成本总额的变动数，用以判断增、减产量在经济上是否合算，这样的定价可以避免浪费，使商品得到最大的产出，造福于社会。

例如，某企业生产某种产品 100 个单位时，总成本是 5000 元，单位产品的成本是 50 元。若生产 101 个单位时，其总成本为 5040 元，则所增加一个产品的成本为 40 元，边际成本即为 40 元。当产量未达到一定限度时，边际成本随产量的扩大而递减，但当产量超越一定限度时，就转而递增。所以，当增加一个单位产量所增加的收入高于边际成本时，是合算的；如果低于边际成本就是不合算的。因此计算边际成本对制定产品决策具有极其重要的作用。

王永庆被誉为台湾的"经营之神"，其经营之道备受推崇。20 世纪 50 年代初，王永庆表示要投资塑胶业。当地一个有名的化学家，公然嘲笑王永庆根本不知道塑胶为何物，开办塑胶厂肯定要倾家荡产！其实，王永庆作出这个大胆的决定，并不是心血来潮、铤而走险。他认为，烧碱生产地遍布台湾，每年有 70% 的氯气可以回收利用来制造

PVC 塑胶粉。这是发展塑胶工业可以降低成本的一个大好条件。

1954 年，王永庆创办了台湾岛上第一家塑胶公司。3 年以后建成投产，立刻就遇到了销售问题。首批产品 100 吨，在台湾只销出了 20 吨，明显地供大于求。按照生意场上的常规，供过于求时就应该减少生产。王永庆却反其道而行之，下令扩大生产！

这一来，连他当初争取到的合伙人，也不敢再跟着他冒险了，纷纷要求退出。王永庆决定背水一战，变卖了自己的全部财产，买下了公司的全部产权。王永庆有自己的算盘，他相信自己产品销不出去，并不是真的供过于求，而是因为价格太高——要想降低价格，就只有提高产量以降低成本。

第二年，他又投资成立了自己的塑胶产品加工厂——南亚塑胶工厂，直接将一部分塑胶原料生产出成品供应市场。事情的发展，证明了王永庆的计算是正确的。随着产品价格的降低，销路自然打开了。台塑公司和南亚公司双双大获其利！从那以后，王永庆塑胶粉的产量持续上升，使他的公司成了世界上最大的 PVC 塑胶粉粒生产企业。

当然，台塑的成功有其他方面的努力，如内部管理、与政府的良好关系等，但最关键的是台塑通过将自己的产量扩大，从而达到边际成本最低，这是台塑成功的法宝。

任何增加一个单位产量的收入不能低于边际成本，否则必然会出现亏损；只要增加一个产量的收入能高于边际成本，即使低于总的平均单位成本，也会增加利润或减少亏损。计算边际成本对制定产品决策具有重要的作用，当产量增至边际成本等于边际收入时，将为企业获得其最大利润的产量。因此，考虑边际成本有助于企业制定最佳决策。

# 边际收益递减:为什么投入增加,收益不一定高

　　人们常说:"一分耕耘,一分收获。"说的就是经济学上成本与收益的关系。但是现实生活中,往往不是这样,投入成本与收益的不对等,才是现实世界中的真相。在生活中,我们往往会发现边际收益递减的情况。比如在农业生产中,一味地往田地里增加肥料,所获得的产量一般是:随着肥料的增加,农产品的产量先是递增的,当达到一个高度后,再增加肥料,农产品的产量是递减的,如果肥料太多就会把庄稼都烧死了,最后连种子都收不回来。

　　作为生产者来说,总希望收益越多越好,为此总要增加生产要素的投入。但是,生产要素的投入与收益之间不是成正比的关系,不是投入越多,收益就越多。投入尽可能多的成本,当然希望得到尽可能多的收益,但事实往往令人失望,因为成本与收益不总是正比递增的。

　　在技术水平不变的情况下,当把一种可变的生产要素投入到一种或几种不变的生产要素中时,最初这种生产要素的增加会使产量增加,但当它超过一定限度时,增加的产量将要递减,最终还会使产量绝对减少。根据这一法则,如果不断添加相同增量的一种投入品(其他投入品保持不变),这样所导致的产品增量在超过某一点后将会下降,这种增加的产量就会变得越来越少,甚至使总产量绝对的减少。这一现象普遍存在,就被称为边际收益递减规律。

　　"一个和尚挑水吃,两个和尚抬水吃,三个和尚没水吃"的故事,从边际收益变化的角度来看,由一个和尚挑水吃到两个和尚抬水吃,说明边际收益已经递减,当发展到三个和尚时,已经递减到没有水吃了。这应该是对边际收益递减规律最生动的写照。

当边际收益递减规律这一学说在18世纪提出之后，发生了两种观点的争论。一种观点从递减性出发，引申出了企业的利润趋于下降的趋势，从李嘉图以后的众多西方学者据此为资本主义的生产方式报以极大的同情；另一种观点通过强调技术进步的作用，强烈批判这一规律，认为它抹杀了技术进步对收益递减的反作用。

根据边际收益递减规律，边际产量先递增后递减，递增是暂时的，而递减是必然的。边际产量递增是生产要素潜力发挥，生产效率提高的结果，而到一定程度之后边际产量递减，是生产要素潜力耗尽、生产效率下降的原因所致。边际收益递减规律在短期内是无法超越的，人们只能遵守它，而别无选择！

但是在一个充分长的时期内考察某种产品的生产，边际收益递减规律是否可以超越呢？

从长期来看，技术进步的因素要发挥作用，人们是可以突破边际收益递减规律的制约的。通过技术创新和制度创新就是突破边际收益递减的两个途径。

我国从1949年以来，一方面人口翻了一番还多；另一方面可耕地的面积却因种种原因一直在减少，按照边际收益递减规律，在有限的土地上连续追加投入，得到的产出的增加将越来越少，这似乎很可怕，然而自改革开放以来，令人不可思议的是，我国再也没有出现所谓的"粮食危机"。这不能不归功于技术创新和制度创新对边际收益递减规律制约的突破。技术创新主要是科学技术的迅猛发展，使得粮食单产不断取得突破，尤其值得一提的是杂交水稻这项技术因大幅度地提高了水稻的亩产量，而对全球的水稻供应产生了革命性的影响。最后是农业用地政策这一制度创新发挥的作用，在我国农业生产方面，1979年我国实行了一项土地制度创新，那就是土地大包干制度，这一土地制度创新将对我国农业收益的增加发挥积极的作用。

因此，技术创新和制度创新可以改变边际收益递减规律，但不论是技术创新还是制度创新都需要企业艰苦探索。当技术创新和制度创新尚未完成，其他条件不变仍然成立的情况下，我们应当认识到边际收益递减依然是作为一条规律而存在的。在短期，我们必须尊重边际收益递减规律，确定合理的投入限度；但在长期，通过积极地实施技术创新和制度创新战略，打破边际收益递减规律的制约，可为企业谋取更大的利润，从而获得更大的发展。

在三个和尚的故事中，因考虑了这个因素，故事也有了新的进展。随着时间的推移，三个和尚渐渐地引入了技术创新和制度创新。三个和尚的制度创新的故事：一个和尚挑水吃，总比两个和尚抬水吃或三个和尚没水吃要好，寺庙里的方丈从长计议，决定立下个规矩，鼓励三个和尚都能抢着去挑水。为了奖勤罚懒，方丈规定，三个和尚各自挑水，到吃晚饭的时候，看谁挑的水多就给谁奖一盘炒豆腐，谁挑的水少就吃白饭。于是三个和尚拼命抢着挑水，展开了挑水竞赛。通过这种制度创新，寺庙里尽管和尚不断增多，但再也没有缺过水了。

三个和尚的技术创新的故事：由于和尚们住的寺庙离河边比较远，一个和尚挑水一趟下来，疲惫不堪，挑的水还不够多，于是三个和尚协作起来，想出了一个新的办法。三个和尚合作挖了一条渠，还装了一个辘轳，第一个和尚负责摇辘轳，第二个和尚负责把水倒入渠中，第三个和尚休息轮换，通过这种安排，三个和尚既轻松又有吃不完的水，这是技术创新的力量给和尚们带来的福利。

## 固定成本与可变成本：亏损为什么还要继续经营

俗话说："将欲取之，必先予之。"生产者要想获得利润，首先必须投入生产要素。生产要素的支出就是成本，也就是生产费用。在经济学中，企业生产者的目的就是实现利润最大化，为此就要尽可能降低成本，扩大供给，增加收益。

假设你经营着一家炸鸡店，每块炸鸡的平均成本是 10 元。若售价是每块 12 元，每块炸鸡可以赚 2 元。若售价是每块 10 元，则不赔不赚，收支相抵。虽然利润是零，可是成本中包括了机会成本和会计利润，依旧可以继续经营。假如因为某种意外情况每块炸鸡的售价需要降到 8 元。每卖一块炸鸡就要赔 2 元。那么，我们现在还要继续经营下去吗？

如果想回答这个问题，我们必须分析成本与收益。收益非常简单，就是售价乘以售出的炸鸡块。可是，还要仔细分析一下成本。成本就是投入的生产要素量乘以价格。短期内，投入的生产要素分成固定投入（比如机器设备）和可变投入（比如劳动）。固定成本必须包括租赁店面的租金、开店所需资金的利息、炸鸡设备的折旧，还有员工工资。而可变成本包括用于可变投入的开支，例如用于炸鸡原料的开支、燃料开支以及临时雇小工的工资等。这两种成本的和就是总成本。而分摊到每块炸鸡上的成本就叫作平均成本，它是平均固定成本和平均可变成本的和。

所谓固定成本，就是指在短期内是固定不变的，又叫不变成本。或者说，该成本不随产量的变动而变动。在上面的例子中，就算你一块鸡都不炸，短期中你的店面无法退租，设备不能转卖，租金与设备的折旧费依旧要支出，更别说贷款利息了。但是若产量增加，例如生意非常好，一天炸了几百块，该成本依旧不会增加。而平均固定成本会随着产量的增加而不断减少。比如固定成本是每月 6000 元，若只炸 100 块鸡，那么每块鸡的平均固定成本是 60 元，若炸 1000 块鸡，那么每块鸡的平均固定成本就是 6 元，若炸一万块鸡，则每块鸡的平均固定成本就是 0.6 元了。固定成本指在刚开始时它就支出了，一旦支出就收不回了。

可变成本是指在短期内可以随产量的变动而发生变动的成本，当没有产量时就无可变成本，当产量增加时它也就会随之增加。不过需要注意的是，平均可变成本的变动和可变成本并不一样。可变成本随着产量的增加而不断增加，而平均可变成本和它不一样。当产量开始增加时，平均可变成本反而减少。等达到某一种产量时，平均可变成本达到最小：之后，当产量再增加时，平均可变成本就又增加了。

在做短期决策时，不必考虑固定成本或者平均固定成本，仅仅需要考虑可变成本和平均可变成本。在上面的例子中，假设在正常情况下，每月炸 1000 块鸡，总成本是 1 万元，其中 6000 元是固定成本，4000 元是可变成本，那么每块鸡的平均固定成本是 6 元，平均可变成本是 4 元。在做决策时，固定成本可以不用考虑，只要能够弥补可变成本便可坚持经营。

因此，短期内的营业条件为：可变成本 = 总收益 = 产量 × 价格

对于每块炸鸡来说，此条件可以写成：

平均可变成本 = 价格

这一条件也叫停止营业点，也就是说，在此时是否经营结果都相同，经营时支出的平均可变成本（4 元）得以弥补，可是固定成本的损失没有减少。若不经营，可变成本不必支出，固定成本的损失依旧一样。在这个停止的营业点上，即价格高于平均可变成本时，必须经营，这是因为高于平均可变成本的价格那部分可以弥补固定成本。在上面

的例子中，价格是8元，平均可变成本是4元时，每出售一块炸鸡就可以得到8元，用4元来弥补平均可变成本，其余4元用来弥补平均固定成本。如此，平均固定成本的损失就从6元减至2元，当然是有好处的。亏损2元，当然要比亏损6元好。此时，利润最大化的原则就变成亏损最小化。若价格低于平均可变成本，则不管怎样都不能继续经营。

上面的例子只是一个假想而已。其实在很多行业中都存在这样的情况。比如辽宁兴城是一个美丽的海滨小城，这里的旅游业较为发达，一到夏季便游人如织，但每年的10月到来年的4月，长达半年的时间里，海滨的高级饭店和旅游景点的生意就很清淡，游人很少。不过即使是在旅游淡季，饭店和景点仍然在开门营业。既然这个时段赚钱不多甚至会亏本，他们不关门继续营业的原因就在于固定成本的因素。这是因为饭店和景点的成本主要是固定成本，如租房费用，它已经支出了，如果关门歇业的话，放着也是放着，照样会折旧，不如继续开门营业，只要收入能支付可变成本就行了。

当需求不旺时，以上行业常常使用降价或者打折等办法来吸引消费者。平均可变成本的概念让我们知道降价的下限为多少，即短期内的价格下限为平均可变成本。在正常情况下，不管是进行价格战，还是在淡季用折扣来吸引消费者，价格都不能比平均可变成本低。因为若低于这个水平，连可变成本都无法收回，那么企业就没有办法继续经营了。

就算价格低于平均成本，企业依然要正常经营，听起来似乎有点不合常理，可是在了解了固定成本和可变成本的区别后，你就会认为这种决策是合乎情理的。

# 沉没成本：覆水难收不必收

通常，沉没成本主要是指厂商花在机器、厂房等生产要素上的固定成本。从固定生产要素的无形损耗程度看，这些固定要素会因技术进步或产品的更新换代而引起贬值，从而产生无法补偿的损失。

人们在决定是否去做一件事情的时候，不仅是看这件事对自己有没有好处，而且看过去是不是已经在这件事情上有过投入。我们把这些已经发生不可收回的支出，如时间、金钱、精力等称为沉没成本。简单来说，沉没成本代指已经付出且不可收回的成本。

举例来说，如果你预订了一张电影票，已经付了票款而且不能退票。但是看了一半之后觉得很不好看，此时你付的钱已经不能收回，电影票的价钱就是沉没成本。

大多数经济学家们认为，如果你是理性的，那就不该在做决策时考虑沉没成本。比如在前面提到的看电影的例子中，会有两种可能结果：

付钱后发觉电影不好看，但忍受着看完。

付钱后发觉电影不好看，退场去做别的事情。

两种情况下你都已经付钱，所以应该不再考虑钱的事。当前要做的决定不是后悔买票了，而是决定是否继续看这部电影。因为票已经买了，后悔已经于事无补，所以应该以看免费电影的心态来决定是否再看下去。作为一个理性的经济人，选择把电影看完就意味着要继续受罪，而选择退场无疑是更为明智的做法。

沉没成本从理性的角度说是不应该影响我们决策的，因为不管你是不是继续看电影，你的钱已经花出去了。作为一个理性的决策者，你应该仅仅考虑将来要发生的成本（比如需要忍受的狂风暴雨）和收益（看电影所带来的满足和快乐）。不管作出何种决定，钱都已经花了，它是个确定的常数，不应该影响我们其后的决策。在现实生活中，大多数人显然对"沉没成本"的态度并不理性。某企业在两个城市的交界处买了一块地皮。企业领导的起初用意是投资 30 万元办一座生产豆奶的食品加工厂。结果一生产就亏损，很不景气。如果就此打住，这 30 万元对于企业来说也不算什么。但是企业的领导很不甘心，不愿让这笔钱就此打了水漂，于是又投资 70 万元从德国引进全套的进口设备，希望扩大生产规模，提高产品质量以赢得效益。结果还是一个字：赔。此时如果放弃这家工厂，将其折价处理，应该说损失还可以承受。但是领导的思维是这样的：已经投入了 100 万元，如果放弃损失太大，不如继续在这块地皮上投入，以期扭亏为盈，于是又作出决策：投入 300 万元，在这里建立大型生产基地……然而，随着时间的推移，这个基地的产出已经成了笑谈。

对于企业来说，成本一旦沉没，就不再是机会成本。沉没成本具有无关性，即不管企业如何对之作出决策，都难以改变。所以应对"沉没成本"，最合理的方法就是管理者在继续作出各种决策时，不再考虑沉没成本。当然，话说回来，一个企业无论如何都应该尽力减少沉没成本，这需要企业首先要努力避免失误的决策，能从企业、市场的诸多方面对项目作出准确判断。管理者也应该认识到，在复杂的市场当中，投资决策的失误是难以避免的，一旦出现，则需要避免将错就错，一错到底，这才是真正考验管理水准的时候。另外通过合资或契约、采用非市场的管理结构等，对减少沉没成本都是十分有利的。

2000 年 12 月份，计算机芯片巨头英特尔公司（Inter）宣布取消整个 Timna 芯片生产线。Timna 是英特尔公司专为低端的 PC 市场设计的整合型芯片，当初在将巨资投入到这个项目的时候，英特尔公司的预测是：今后计算机减少制造成本的途径将是通过高度集成（整合型）

的设计来实现，针对这一分析，公司大力着手生产整合型的 Timna 芯片。可是后来，PC 市场发生了巨大变化，PC 制造厂商通过其他的系统成本降低方法，已经达到了目标，为 Timna 芯片投入的成本成了典型的沉没成本。在这种情况下，英特尔公司的高层管理者果断决定：让这一项目下马，从而避免在这个项目上消耗更多的资金。而后来的事实也证明，尽管 Timna 芯片给英特尔公司造成了损失，但及时放弃的做法使得公司得以将资源应用于其他领域，其收益很快便消除了沉没成本带来的不利影响。

沉没成本不仅对于企业，对于个人来说也很常见。在这里需要指出，有时候沉没成本只是价格中的一部分而非全部。比如一台新买的电脑价值6000块钱，可是新鲜劲儿还没有过去，一种升级款式的电脑（这就是技术进步带来的更新换代）价钱才5000元，而且打出广告，说原来的那款用6000元买的电脑"再加2000元就可更换一台新产品"。在这种情况下，为原来的电脑付出的成本中有很大一部分已经变成"沉没成本"，除非你用这台电脑创造效益，收回部分投资。除此之外有二手车市场，一辆新车在使用几个月后准备卖出，在这么短的时间里，车况当然不会有多少损耗，但是价格不可能再回到原价。这时候，原价和现在卖价的差额就是沉没成本。并且，如果不能及时出手，时间越长，这个沉没成本就会越大。

以上两个例子中的做法都是不再理会沉没成本，这也正是大多数经济学家的建议。因为不管沉没的是什么，又有多少，对未来而言，都已经没有意义。彻底放弃那些沉没的东西，才是最明智的选择，才是智慧的体现。

# 第三章

## 价值与价格

# 使用价值与交换价值：大瓢到底有没有用

简单来说，使用价值就是能满足人们某种需要的物品的效用，如粮食能充饥，衣服能御寒。使用价值是商品的基本属性之一，是价值的物质承担者，形成社会财富的物质内容。空气、草原等自然物，以及不是为了交换的劳动产品，没有价值，但有使用价值。我们为什么要购买某种物品，其背后的原因在于这种商品具有某种使用价值。

庄子曾经讲过一个"大瓢无用"的故事。惠施对庄子说："魏王送给我一粒大葫芦种子，我把它种了下去，没想到培育出来的葫芦太大了，竟然能在里面存放五石粮食。我想用它来存水，可是这皮太脆，没有力量承受；我把它剖开当瓢用，可是它太大，没有水缸能够容纳它。它太大，大到了无所适用的地步，所以我一生气，就把它给砸碎了。"庄子回答说："现在先生有一个可放五石粮食的葫芦，为什么不把它剖开做成小舟漂浮于江湖之上。"

庄子重点论述了大瓢的使用价值，大瓢不能存放粮食，不能当普通的瓢用，但是仍旧有它的使用价值——可以做成小舟。通常情况下，同一事物蕴涵着多种使用价值；同一使用价值又可由多种事物表现出来；同一事物对于不同使用主体可表现出不同的使用价值；同一事物对于同一使用主体在不同使用时间或在不同的环境条件下又可表现出不同的使用价值。

商品的使用价值是指能够满足人们某种需要的属性。使用价值是一切商品都具有的共同属性之一。任何物品要想成为商品都必须具有可供人类使用的价值；反之，毫无使用价值的物品是不会成为商品的。

　　沉香和沉香木可以用来雕刻佛像，制作念珠，制作供香，装藏供佛，配制中药等，具有十分广泛的使用价值，普通树木却不能有如此之多的使用价值，不同的使用价值决定了两者价值相差极大。我们购买商品，其实购买的是商品的使用价值。一般来说，我们不会购买没有任何使用价值的商品。

　　生活中一个明显的事实是，物品的使用价值总是相对于人的需要而言的，因而是在人与物之间需要与被需要的关系中产生的，离开了这种关系，物品就无所谓使用价值。消费者在购买和消费一种商品时，的确只对该种商品的具体的有用性感兴趣，即看中的只是商品的具体的使用价值。消费者之所以购买粮食，是粮食可以满足吃的需要，之所以购买衣服，是衣服可以满足穿的需要。

　　因此，我们可以说人类劳动的每一产品都有一种使用价值。不过，"使用价值"一词有两种不同的意思。我们说一件商品有使用价值，但有时我们只说使用价值，把使用价值本身看成一件东西。比方说，我们说一个社会只生产使用价值，这时候我们的意思是说，这个社会中的产品是为了其直接消费而生产的，不管由生产者本人来消费抑或由消费者来消费。

　　使用价值之外，人类劳动的产品有另一种价值，即交换价值。有时候，一件产品不是为了生产者或富有阶级的直接消费而生产，而是为了在市场上交换、出卖而生产的。一大批为了销售而创造出来的产品，不复是单纯使用价值的生产，而是商品的生产。因此，商品便是为了在市场上交换而创造出来的产品；相对而言即非为了直接消费而生产的产品。每一件商品都必须同时具备使用价值及交换价值。

　　商品必须有使用价值，不然就没有人愿意来买它了；购买者关心的是最后消耗掉这商品，关心的是借此购买以满足他的某一项需要。一件商品若对任何人都没有使用价值，最后的结果便是卖不掉，形成了无用的生产，正因为它没有使用价值，所以也不会有交换价值。

　　但在另一方面，有使用价值的产品不一定都有交换价值。一个产品有没有交换价值，要看产生这产品的社会本身是否以交换制度为基础，如果每个人都是自己生产自己消费，不参加社会交换，那就无所谓交换价值了。

发达到某一程度的分工，是交换价值以及更进一步贸易及市场的基础。如果要让产品不致直接被生产者消耗掉，首要条件是不要让每一个人都生产同样东西。一个社会如果毫无分工可言，那么显然不会有交换现象存在。一般言之，两个麦农之间是没有什么东西可以交换的。但是，只要有了分工，只要生产不同使用价值的两个社团一有接触，便会发生交换。起先他们之间也许只是偶然交换，但随后交换会变得更恒长、更固定。这样子，逐渐地，在生产者只是为了自身消费而制造的产品之外，便出现了为了交换而制造的产品，亦即商品。

不过在现代社会中，生产也仍并非完全都是商品的生产；有两类产品仍然仅具使用价值。第一类仅具使用价值的产品，是农民为了本身消费而生产的产品，即农民生产出来而被农民直接消费掉的产品。这种目的在于农民自身消费的生产，即使在市场经济高度发达的国家如美国，依然存在；当然，这种产品在其整个农业生产中只占极微不足道的一个部分。一般而言，一个国家的农业愈落后，其农业生产中供农民自身消费的比例便也愈大。由于这个原因，我们平常很难准确估计这种国家的国民所得。

现代社会另外一种只有使用价值而不构成商品的产品，是家庭中自己生产的一切东西。虽然极可观数量的人类劳动都属于这种家庭生产，但是它仍然仅是使用价值的生产，而不是商品的生产。煮一碗汤、缝一颗扣子，都是生产，却不是为了市场而进行的生产。

使用价值和交换价值反映了事物对于人类生存和发展所产生的积极作用。大千世界里各种事物以千姿百态的使用价值为人们所喜爱，构成了人们丰富多彩的物质生活和精神生活内容，人们的一切活动都离不开这些事物的使用价值和交换价值。

## 价格：商品价位是怎么确定的

价格是商品价值的货币表现，是商品的交换价值在流通过程中所取得的转化形式。商场里，每种物品的标价各不相同，例如香皂、卫生纸、洗衣粉等，虽然同是生活用品，价位却高低不一。那么，是什么决定了它们各自的价格？

经济学大师弗里德曼认为任何商品的价格都是由供给和需求共同决定的。弗里德曼在其文章中强调，既然谈到供给和需求，就不得不提到供给量和需求量。

（1）需求规律：在影响商品需求量的其他因素不变时，商品的需求量同其价格有反方向的依存关系。即商品价格上升，需求量减少；商品价格下降，需求量增加。

（2）供给规律：在影响供给量的其他因素既定的条件下，商品的供给量与其价格之间存在着正向的依存关系。商品价格上升，供给量增加；商品价格下降，供给量减少。

在研究和运用这两个规律时，要清楚一点，这两个规律有一个假设前提，即"影响商品需求量（供给量）的其他因素不变"。因为现实中，影响需求量和供给量的因素很多，而需求规律和供给规律只研究价格与需求量、供给量之间的关系，所以为了屏蔽其他因素对研究的干扰，就必须先假设其他影响需求量（供给量）的因素都不变。

根据弗里德曼的分析，需求和供给共同决定商品在市场上的一般价格，也就是均衡价格。接下来，我们就来看需求和供给是如何相互作用并形成均衡价格的。他认为，在市场上，首先要了解需求和供给是如何变动的，然后才能研究两者对价格的决定作用。

所谓需求的变动，指的是某商品除价格变动的因素外，由于其他因素变动所引起的该商品的需求数量的变动。更具体地说，根据需求的定义，需求变动是指一定时期内，在其他条件不变，各种可能的价格下，消费者愿意且能够购买的该商品的数量有了变化。

一般，可以影响需求变动的因素有收入变动、相关商品的价格变动、消费者偏好的变化和消费者对商品的价格预期的变动等。

而供给的变动是指因为产品本身价格以外的因素而引起的供给量的变化。同样，根据供给的定义，供给变动是指一定时期内，在其他条件不变，各种可能的价格下，生产者愿意且能够提供的该商品的数量有了变化。

一般，影响供给变动的因素有生产成本的改变等。举个例子来说，2007年，由于国际市场上部分地区因受灾几乎颗粒无收，而增加了对大米的需求（即在各个价格下，消费者需要的大米数量都增加），假设其他条件不变（即大米的供给不变），则将使得大米的数量供不应求。

将这些因素结合起来考虑，看它们是如何决定市场上一种物品的价格的。假定在完全竞争的市场中，商品的供给和需求的变动处于自发状态。在其他条件不变的情况下，现在以商品甲为例，在各种可能的价格下，消费者对商品甲有不同的需求量，而在各种可能的价格下，生产者有不同的愿意提供的商品甲的数量。

若在某一价格下，生产者愿意提供的产品数量多于消费者所要求的需求量，结果就会出现过剩，这些剩余的产品没人买；而在另一价格上，如消费者的需求量多于市场上生产者能提供的商品量，结果就会出现商品的短缺。这两种情况都会造成资源配置的不平衡，甚至浪费。

然而，在同一市场里，为了生产者和消费者都能够获得满意，商品甲的供给和需求将在消费者和生产者的行动下，自动地被推向供需均衡。直到商品甲在市场上的供给和需求在一定时期，在某个价格上，数量刚好达到平衡时，就形成了均衡价格。在这一情况下，供给和需求刚好都能满足，市场不存在剩余和短缺，此时，价格也不会再变动。用弗里德曼的原话说就是："均衡状态是这样一种状态，它一经确立，就将被维持下去。"

这时市场上最稳定的价格形成了，需求者和供给者都会以这个价格来提供或消费货物，结果，供给和需求最终共同决定了这个物品在市场上的价格。不过这种均衡状态会在需求和供给再次出现变动时被打破，然后均衡价格也将重新稳定。

在日常生活中，价格同我们息息相关，它的波动带动着我们消费金额的波动。一般，当价格上涨的时候，我们手中的钱能买的东西就少了。当价格下跌的时候，我们所能买的东西就多了。在不同的情况下，我们可能会为价格的上涨抱怨，为价格的下跌欣喜，但大家是否仔细想过，价格具有哪些作用呢？

（1）价格是商品供求关系变化的指示器。借助于价格，可以不断地调整企业的生产经营决策，调节资源的配置方向，促进社会总供给和社会总需求的平衡。在市场上，借助于价格，可以直接向企业传递市场供求的信息，各企业根据市场价格信号组织生产经营。与此同时，价格的水平又决定着价值的实现程度，是市场上商品销售状况的重要标志。

（2）价格水平与市场需求量的变化密切相关。一般来说，在消费水平一定的情况下，市场上某种商品的价格越高，消费者对这种商品的需求量就越小；反之，商品价格越低，消费者对它的需求量也就越大。而当市场上这种商品的价格过高时，消费者也就可能作出少买或不买这种商品，或者购买其他商品替代这种商品的决定。因此，价格水平的变动起着改变消费者需求量、需求方向，以及需求结构的作用。

（3）价格是实现国家宏观调控的一个重要手段。价格所显示的供求关系变化的信号系统，为国家宏观调控提供了信息。一般来说，当某种商品的价格变动幅度预示着这种商品有缺口时，国家就可以利用利率、工资、税收等经济杠杆，鼓励和诱导这种商品生产规模的增加或缩减，从而调节商品的供求平衡。

# 价值规律：价格围绕价值上下波动

　　价值规律是商品生产和商品交换的基本经济规律。即商品的价值量取决于社会必要劳动时间，商品按照价值相等的原则互相交换。

　　值得注意的是，价值规律是商品经济的基本规律，但不是商品经济中唯一的经济规律。商品经济中有许多经济规律，价值规律是基本的规律。价值规律作为商品经济的基本规律，同其他任何规律一样，是客观的，是不以人的意志为转移的。

　　价格围绕价值上下波动正是价值规律作用的表现形式。因商品价格虽然时升时降，但商品价格的变动总是以其价值为轴心。另外，从较长时期和全社会来看，商品价格与价值的偏离有正有负，可彼此抵消。因此总体上商品的价格与价值还是相等的。

　　价格是一种从属于价值并由价值决定的货币价值形式。价值的变动是价格变动的内在的、支配性的因素，是价格形成的基础。但是，由于商品的价格既是由商品本身的价值决定的，也是由货币本身的价值决定的，因而商品价格的变动不一定反映商品价值的变动，例如，在商品价值不变时，货币价值的变动就会引起商品价格的变动；同样，商品价值的变动并不一定就会引起商品价格的变动，例如，在商品价值和货币价值按同一方向发生相同比例变动时，商品价值的变动并不引起商品价格的变动。

　　因此，商品的价格虽然是表现价值的，但是，仍然存在着商品价格和商品价值不相一致的情况。在简单商品经济条件下，商品价格随市场供求关系的变动，直接围绕它的价值上下波动；在发达商品经济条件下，由于部门之间的竞争和利润的平均化，商品价值转化为生产价格，商品价格随市场供求关系的变动，围绕生产价格上下波动。

价值规律告诉我们，商品价值是价格的本质，价格只是商品价值的货币表现。价值就是体现在商品里的社会必要劳动，即凝结在商品中的无差别的人类劳动。简单来说，社会必要劳动时间长，则价值大，社会必要劳动时间短，则价值小。社会必要劳动时间一般是指社会生产这种商品的平均时间，如生产一把铁锹的社会平均劳动量是两个小时，这两个小时就是生产铁锹的必要劳动时间，这两个小时的劳动量就是生产铁锹的价值。

而随着社会的发展和技术的进步，劳动生产率不断提高，单位商品所包含的社会必要劳动时间缩短，也就是说，商品的价值不断贬值，商品会越来越便宜。

对于价格而言，商品价格由两大因素组成：生产成本和利润。商品的生产成本，包括生产商品所消耗的原料、能源、设备折旧以及劳动力费用等；商品的利润，则是劳动者为社会所创造的价值的货币表现。值得指出的是，生产成本应当是生产商品的社会平均成本或行业平均成本，利润应当是平均利润。按照社会平均成本加上平均利润制定的价格，便是商品的市场价格。

价值规律表明，价格围绕价值上下波动，也就是说，价格高于或低于商品价值都是价值规律的表现形式。实际上，商品的价格与价值相一致是偶然的，不一致却是经常发生的。这是因为，商品的价格虽然以价值为基础，但还受到多种因素的影响，使其发生变动。但是，价格不能过分偏离商品的基本价值。市场经济条件下，绝大多数商品实行市场调节价。因此，一些生产经营者认为自己可以随意确定自己商品的价格，实际上，他们的定价必须遵循价值规律和相关法律。

郑州一家名叫保罗国际的理发店，它创造了一项惊人的纪录，两个顾客理发，收费 12000 元，平均一个人就是 6000 元。消费者在购买一些产品和服务时，其天价让人们瞠目结舌。而理发作为一种有偿服务，其所定的价格可以有多高？价格制定的依据在哪里？为什么郑州的天价理发事件会引起人们的诧异？在市场经济条件下，"理发"作为一项有偿性服务，其定价必须遵循价值规律的基本原则，即价格不能过分远离价值。"12000 元"的天价理发无疑偏离了"理发"这项服务的基本价值，这明显是商家的消费欺诈行为。由此，"天价理发"已经不是单纯的商品价格定价过高，而是涉嫌犯罪了。

那么，价值规律有哪些作用呢?

（1）调节作用。价值规律调节生产资料和劳动力在各生产部门的分配。这是因为价值规律要求商品交换实行等价交换的原则，等价交换又是通过价格和供求双向制约实现的。所以，当供不应求时，就会使价格上涨，从而使生产扩大；供过于求会使价格下跌，从而使生产缩减。这里价值规律就像一根无形的指挥棒，指挥着生产资料和劳动力的流向。当一种商品供大于求时，价值规律就指挥生产资料和劳动力从生产这种商品的部门流出；相反，则指挥着生产资料和劳动力流入生产这种商品的部门。当然，价值规律的自发作用，也会造成社会劳动的巨大浪费，因而需要国家宏观调控。

（2）刺激作用。由于价值规律要求商品按照社会必要劳动时间所决定的价值来交换，谁首先改进技术设备，劳动生产率比较高，生产商品的个别劳动时间少于社会必要劳动时间，谁就获利较多。因而，同部门同行业中必然要有竞争，这种情况会刺激商品生产者改进生产工具，提高劳动生产率，加强经营管理，降低消耗，以降低个别劳动时间。

（3）筛子作用。促使商品生产者在竞争中优胜劣汰，这是第二个作用的结果。在商品经济中存在竞争，由于竞争，促使商品生产者想方设法缩短个别劳动时间，提高劳动生产率，也会促使优胜劣汰。这是不以人的意志为转移的。

## 均衡价格：供需之间的妥协

均衡价格是商品的供给量与需求量相等，商品的供给价格与需求价格相等时的价格。在市场上，由于供给和需求力量的相互作用，市场价格趋向于均衡价格。均衡价格是在市场上供求双方的竞争过程中自发地形成的。均衡价格的形成也就是价格决定的过程。因此，价格也就是由市场供求双方的竞争所决定的。

均衡价格就是消费者为购买一定商品量所愿意支付的价格与生产者为提供一定商品量所愿意接受的供给价格一致的价格。为了更好理解这个概念，我们不妨看看以下生活中的实例：

买者：你这件衣服卖多少钱？

卖者：500元。

买者：太贵了，这衣服也就值200元。

卖者：200元太少了，你要是诚心买，我以进价卖给你！450元！

买者：唉！还这么贵？要我说，最多300元！

卖者：300元？您给的也太低了。要不咱们来个对折，400元成交！

买者：不行，350元顶天了。350元，你卖不卖？不卖我就走了。

卖者：等会等会，算了，350元就350元吧。这次绝对是亏本卖给你了。

这件衣服最终以350元成交，这个350元就是买卖双方都能接受的均衡价格。均衡价格是在市场上供求双方的竞争过程中自发形成的，均衡价格的形成就是价格决定的过程。需要强调的是，均衡价格的形成完全是在市场上供求双方的竞争过程中自发形成的，有外力干预的价格不是均衡价格。

我们知道，当供过于求时，市场价格下降，从而导致供给量减少而需求量增加；当供不应求时，市场价格会上升，从而导致供给量增加而需求量减少。供给与需求相互作用最终会使商品的需求量和供给量在某一价格水平上正好相等。这时既没有过剩（供过于求），也没有短缺（供不应求），市场正好均衡。这个价格就是供求双方都可以接受的均衡价格，市场也只有在这个价格水平上才能达到均衡。

如图所示我们用 $OQ$ 表示商品数量，纵轴 $OP$ 表示价格，$D$ 表示需求曲线，$S$ 表示供给曲线，那么 $D$ 和 $S$ 相交的 $E$ 点被称为均衡点，与 $E$ 点相对应的价格 $Pe$ 成为均衡价格，与 $E$ 点相对应的商品数量 $Qe$ 成为均衡数量。

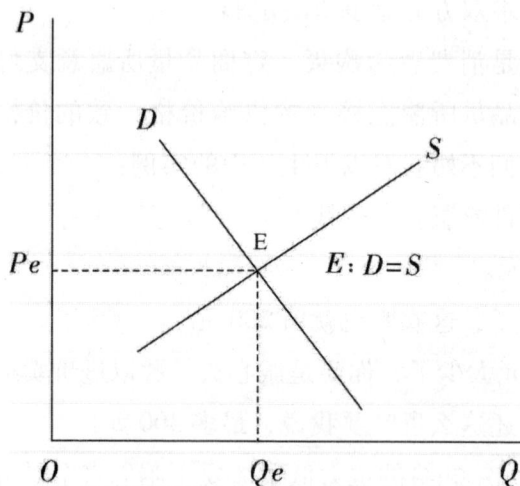

均衡价格和均衡数量示意图

当市场价格高于均衡价格时，物品的供给量将超过需求量，这样就会存在物品的过剩。例如，当水果市场上存在超额供给时，水果商就会发现，他们的冷藏室中越来越装满了他们想卖而卖不出去的水果，他们对这种超额供给的反应是降低其价格，价格要一直下降到市场达到均衡时为止。同样，当水果市场出现超额需求时，买者不得不排长队等候购买可提供的几个水果的机会，由于太多的买者抢购太少的物品，卖者可以作出的反应是提高自己的价格。随着价格上升，市场又一次向均衡变动。

在物品销售的市场上，作为理性人，买卖双方都会追求自身利益的最大化。一方面，对于商家来说，追求的是收益的最大化，所以，通常会制定远远高于进货成本的价格；另一方面，对于消费者来说，追求的是商品效用的最大化，以期尽力压低价格。而买卖双方所能接受的价格即为均衡价格。市场上无数的买者与卖者的活动自发地把市场价格推向均衡价格。

不过，市场均衡分为局部均衡和一般均衡。如果市场上只有一种或几种商品达到供求平衡，这是局部均衡。如果所有的商品都达到了供求平衡，这就是一般均衡。必须强调，一般均衡才是真正的均衡，局部均衡只是暂时的均衡。

当市场价格偏离均衡价格时，一般在市场机制的作用下，这种供求不相等的非均衡状态会逐步消失，自动回复到均衡价格水平：首先，当市场价格低于均衡价格时，商品供给量大于需求量，出现商品过剩，一方面会使需求者压低价格；另一方面会使供给者减少商品供给量，这样商品的价格必然下降到均衡价格水平。最后，当市场价格高于均衡价格时，需求量大于供给量，出现商品短缺，一方面迫使需求者提高价格；另一方面使供给者增加商品的供给量，这样该商品的价格必然上升，一直上升到均衡价格的水平（在其他条件不变的情况下，需求变动分别引起均衡价格和均衡数量的同方向变动；供给变动分别引起均衡价格的反方向的变动，均衡数量同方向变动）。

一旦市场达到其均衡价格，所有买者和卖者都得到满足，也就不存在价格上升或下降的压力。在不同市场上达到均衡的快慢是不同的，这取决于价格调整的快慢。但是，在大多数自由市场上，由于价格最终要变动到其均衡水平，所以，过剩与短缺都只是暂时的。

在供给和需求的互相平衡下，市场同样会达到一个均衡的状态。

市场的均衡过程就是商品均衡价格，是商品市场上需求和供给这两种相反的力量共同作用的结果。

需求与供给变动对均衡价格的影响如下：

（1）需求变动引起均衡价格与均衡数量同方向变动。即需求增加，均衡价格上升，均衡数量增加；需求减少，均衡价格下降，均衡数量减少。

（2）供给变动引起均衡价格反方向变动，均衡数量同方向变动。即供给增加，均衡价格下降，均衡数量增加；供给减少，均衡价格上升，均衡数量减少。

# 价值悖论：钻石为什么比水更有价值

亚当·斯密曾在《国富论》中写道："没有什么东西比水更有用，但它几乎不能够买任何东西……相反，一块钻石有很小的使用价值，但是通过交换可以得到大量的其他商品。"一吨水才几块钱，而成千上万吨的水才换得的一颗钻石，除了能让人炫耀他的财富外，几乎没有什么用途。但为什么水的用途大而价格低，钻石的用途小却价值大呢？这就是著名的"钻石与水悖论"，也就是"价值悖论"。

这的确是一个"悖论"！水的使用价值大，却不值钱；钻石没有多少实用价值，却价值连城？

令人遗憾的是，斯密没有准备回答这个悖论，他仅仅创造了一个奇特的二分法，水有使用价值，而钻石有交换价值。然而，斯密以前的教授海彻森和其他学院的老师认为，商品的价值或价格首先由消费者的主观需求决定，然后由商品的相对稀缺性或丰富程度决定。简而言之，由需求和供给决定。较丰富的商品，价格较低；较稀缺的商品，价格较高。

亚当·斯密在一次演讲中曾经提到："仅仅想一下，水是如此充足便宜以至于提一下就能得到；再想一想钻石的稀有……它是那么珍贵。"当供给条件变化时，产品的价值也变化，斯密注意到一个迷失在阿拉伯沙漠里的富裕商人会以很高的价格来评价水。如果工业能成倍地生产出大量的钻石，钻石的价格将大幅度下跌。

经济学家约翰·劳认为水之所以用途大、价值小，是世上水的数量远远超过对它的需求，而用途小的钻石之所以价值大，是世上钻石的数量太少，不能满足对它的需求。

而经济学家马歇尔用供求均衡来解释这一"谜团"。他认为，人们对水所愿支付的价格，由于水的供应量极其充足，而仅能保持在一个较低的水平；可是，钻石的供应量非常少，而需要的人又多，所以，想得到它的人，就必须付出超出众人的价格。

由此可见，大多数经济学家的观点是以数量与需求的关系即供需关系来决定物品价值的。这些解释不无一定的道理，让我们再来看看西方边际学派用"边际效用"来如何说明价值悖论。

由于水的数量一般来说总是取之不尽的，而人对水的需要总是有一定的限度，不可能无休止。就拿喝水来说，随着人的肚子逐渐鼓胀起来，最后一单位水对他来说就变成可喝可不喝的了，也就是说，最后一单位水对人增加的"效用"也就很小。西方边际学派认为边际效用决定商品的价值，边际效用小，其价值也小，而钻石的数量相对人的需求来说少得可怜，因此它的边际效用很大，于是价值也大。这就足以解释"水与钻石的悖论"了。

我们通过一个通俗的小故事，从边际效用的角度来解释"价值悖论"。

有一个穷人家徒四壁，仅有的财产是一只旧木碗。一天，穷人上了一只渔船去帮工。不幸的是，渔船在航行中遇到了特大风浪，被大海吞没了。船上的人几乎都被淹死了。穷人抱着一根大木头，才幸免于难。穷人被海水冲到一个小岛上，岛上的酋长看见穷人的木碗，感到非常新奇，便用一口袋最好的珍珠、宝石换走了木碗。

一个富翁听到了穷人的奇遇，心中暗想，"一只木碗都能换回这么多宝贝，如果我送去很多可口的食品，该换回多少宝贝！"富翁装了满满一船山珍海味和美酒，历尽艰辛终于找到了穷人去过的小岛。酋长接受了富人送来的礼物，品尝之后赞不绝口，声称要送给他最珍贵的东西。富人心中暗自得意。一抬头，富人猛然看见酋长双手捧着的"珍贵礼物"，不由得愣住了：它居然是穷人用过的那只旧木碗！原来木碗在这个岛上是绝无仅有的，是最珍贵的东西。

"木碗与钻石"的故事也可以用边际价值理论来解释。一般情况下，随着人类手工业的发展，只要有木材，就能造出木碗，于是木碗比比皆是，但人类社会的宝石极其稀少，因此，最后一只木碗对于人们来说是几乎不可能出现的。因此，最后一只木碗对人增加的效用是极小的。所以，钻石的价值或价格远远高于木碗。

而这个海岛上的情况完全相反：钻石数量极多，木碗仅此一只。对于这个海岛上的人来说，木碗不仅造型奇特，还具有实用功能，显而易见，木碗的边际效用价值远远大于宝石。

因此，我们也可以用边际效用解释生活中的其他一些常见现象：某些物品虽然实用价值大，却廉价；另一些物品虽然实用价值不大，却很昂贵。

# 第四章

# 供　需

## 供需机制：推动价格变化的神奇力量

美国著名经济学家萨缪尔森曾经说过，学习经济学是再简单不过的事了，你只需要掌握两件事，一个叫供给，一个叫需求。什么叫供给和需求？供给指的是生产者在一定时期内在各种可能的价格下愿意而且能够提供出售的该商品的数量。这种供给是指有效供给，必须满足两个条件：生产者有出售的愿望和供应的能力。需求指的是消费者在一定时期内的各种可能的价格下愿意而且能够购买的该商品的数量，指的是消费者想得到某种商品的愿望。需求不是自然和主观的愿望，而是有效的需要，它包括两个条件：消费者有欲望的购买和有能力的购买。

关于供给与需求的关系，人们普遍认为需求决定供给，如人们有穿皮鞋的需求，市场上才会出现皮鞋的生产与销售。不过，供给学派强调经济的供给方面，认为需求会自动适应供给。

一般来说，供需平衡时，市场价格就是正常价格。当供大于求时，市场价格低于正常价格；当供不应求时，市场价格高于正常价格。鲁迅先生在《朝花夕拾》中的《藤野先生》一文中有这样的句子："大概是物以稀为贵吧。北京的白菜运往浙江，便用红头绳系住菜根，倒挂在水果店头，尊为'胶菜'；福建野生着的芦荟，一到北京就请进温室，且美其名曰'龙舌兰'。"供需不平衡导致这些商品的尊贵，因此，白菜在浙江能卖出好价钱，芦荟在北京也能卖出好价钱。而"洛阳纸贵"的故事说明了供不应求，从而导致纸的市场价格成倍增长。

《晋书·文苑·左思传》中记载：

西晋太康年间出了位很有名的文学家——左思。在左思小时候，他父亲就一直看不起他，常常对外人说后悔生了这个儿子。等到左思成年，他父亲还对朋友们说："左思虽然成年了，可是他掌握的知识和道理，还不如我小时呢。"左思不甘心受到这种鄙视，开始发愤学习。

经过长期准备，他写出了一部《三都赋》，依据事实和历史的发展，把三国时魏都邺城、蜀都成都、吴都南京写入赋中。当时人们都认为其水平超过了汉朝班固写的《两都赋》和张衡写的《两京赋》。一时间，在京城洛阳广为流传，人们啧啧称赞，竞相传抄，一下子使纸昂贵了几倍。原来每刀千文的纸一下子涨到两千文、三千文，后来竟倾销一空，不少人只好到外地买纸，抄写这篇千古名赋。

为什么会"洛阳纸贵"？因为在京都洛阳，人们"竞相传抄"《三都赋》，以致纸的需求越来越大，纸的供给却跟不上需求，这样一来纸的价格才会不断上涨。

在一般情况下，需求与价格的关系成反比，即价格越高，需求量越小；价格下降，需求量上升。例如，如果每勺冰激凌的价格上升了两毛钱，你将会少买冰激凌。价格与需求量之间的这种关系对经济中大部分物品都是适用的，而且，实际上这种关系如此普遍，以至于经济学家称之为需求规律：在其他条件相同时，一种物品价格上升，该物品需求量减少。

另外，供需的变化与市场环境的变化息息相关。例如，当"非典"袭击中国的时候，全国食醋、消毒液、药用口罩的价格都上升了，一些日用品也成了普通消费者的抢购对象，这主要是因为突如其来的"非典"病毒造成了消费者对这些物品需求的剧增。在欧洲，每年夏天当新英格兰地区天气变暖时，加勒比地区饭店房间的价格就会直线下降。当中东爆发战争时，美国的汽油价格上升，而二手凯迪拉克轿车价格下降。这些都表现出供给与需求对市场的作用，而这一切都是通过价格来反映的。

但在少数情况下会出现相反的情形，即价格越高，需求量越大；

价格越低，需求量反而越小。这种商品通常是社会上具有象征地位的炫耀性商品，比如钻石、古董等，它们常常会因为价格的提高需求量反而增加。

供求机制是市场机制的主体。供求连接着生产、交换、分配、消费等环节，是生产者与消费者关系的反映与表现。供求运动是市场内部矛盾运动的核心，其他要素（如价格、竞争、货币流通等）的变化都围绕供求运动而展开。

供求机制对社会经济的运行和发展具有重要功能。供求机制可以调节商品的价格，调节商品的生产与消费的方向和规模；供求结构的变化能调节生产结构和消费结构的变化。

供求机制起作用的条件是，供求关系能够灵活地变动，供给与需求背离的时间、方向、程度应当是灵活而适当的，不能将供求关系固定化。供求关系在不断变动中取得相对的平衡，是供求机制作用的实现形式。供求机制的直接作用具体表现为：

第一，调节总量平衡。供不应求时，价格上涨，从而吸收更多的投资，供过于求时，一部分商品的价值得不到实现，迫使部分滞销企业压缩或退出生产。

第二，调节结构平衡。供求机制通过"看不见的手"使生产资料和劳动力在不同部门之间合理转移，导致经济结构的平衡运动。

第三，调节地区之间的平衡。它促使统一大市场的各个地区调剂余缺，互通有无，使总量平衡和结构平衡得到具体落实。

第四，调节时间上的平衡，它促使部分劳动者从事跨季节、跨时令的生产经营活动（如温室种植、跨季节仓储等），在一定程度上满足了市场需求，缓解了供求矛盾。

## 需求价格弹性：薄利多销也会有例外

1979 年我国农副产品调价，猪肉上调 20% 左右。在当时我国人民的生活水平下，猪肉的需求富有弹性，猪肉涨价后人们的部分购买力转向其他代用品，导致猪肉的需求量迅速下降。国家不得不将一些三、四级猪肉降价出售，加上库存积压，财政损失 20 多亿元；再加上农副产品提价后给职工的副食补助 20 多亿元，整个财政支出增加 40 多亿元。

需求规律表明，一种物品的价格下降使需求量增加，需求价格弹性就是衡量需求量对其价格变动的反应程度。如果一种物品的需求量对价格变动的反应大，可以说这种物品的需求是富有弹性的。反之，需求是缺乏弹性的。用公式可以表达为：

需求价格弹性 = ED = 需求量变动的百分比/价格变动的百分比

当弹性大于 1，需求是富有弹性的；小于 1，需求是缺乏弹性的；等于 1，需求是单位弹性；等于 0，需求完全没有弹性。在我们的现实生活中，有很多商品是缺乏弹性的，比如粮食。如今，商品打折已经成了一种风气，无论大街小巷，总会看到"大甩卖""跳楼价""大放血"等字样。但我们很少看到粮食等商品打折销售，缺乏弹性就是其主要原因！

在商业活动中，对于需求富有弹性的商品可以实行低定价或采用降价策略，这就是薄利多销。"薄利"是价格低，每一单位产品利润少，但销量大，利润也就不少。因此，降价策略适用于这类物品。但是对于需求缺乏弹性的商品不能实行低定价，也不能降价出售。降价反而使总收益减少，所以现实中很少有米面、食盐之类的商品降价促销。

那么，究竟是什么因素决定一种物品的需求富有弹性，还是缺乏弹性呢？由于任何一种物品的需求取决于消费者的偏好，所以，需求的价格弹性取决于许多形成个人欲望的经济、社会和心理因素。

了解了需求弹性，我们对日常经济生活应该有更深入的认识。决定某种物品需求弹性大小的因素很多，一般来说有以下几种：

（1）消费者对某种商品的需求程度。越是生活必需品如食盐、蔬菜，其需求弹性越小；奢侈品的需求弹性大。

（2）商品的可替代程度。如果一种商品有大量的替代品则该商品的需求弹性大，如饮料；反之则需求弹性小，如食用油。

（3）商品本身用途的广泛性。一种商品用途越广如水电，其需求弹性就越大，反之一种商品用途越窄如鞋油，其需求弹性就越小。

（4）商品使用时间的长短。使用时间长的耐用品比如电视、汽车的需求弹性大，而晚报等易抛品商品需求弹性小。

（5）商品在家庭支出中所占的比例。比重小的商品如筷子、牙签等，其需求弹性小，而电视、汽车等商品比重大，需求弹性也大。

从生活中，我们也能得到这样的体会，必需品倾向于需求缺乏弹性，而奢侈品倾向于需求富有弹性。例如，当看病的价格上升时，尽管人们会比平常看病的次数少一些，但不会大幅度地改变他们看病的次数。同理，小麦、大米这些生活必需品的需求量并不会因为价格的变动而起太大的改变。与此相反，当游艇价格上升时，游艇需求量会大幅度减少，原因是大多数人把小麦、大米作为必需品，而把游艇作为奢侈品。同样，一些珠宝或者名牌服饰则很容易因为价格的下调而导致抢购风潮，这也是珠宝以及名牌服饰是奢侈品的缘故。

另外，有相近替代品的物品往往较富有需求弹性，因为消费者从这种物品转向其他物品较为容易。例如，光盘机和随身听播放器就很容易互相替代。当前者的价位上升时，就很容易导致后者需求量的增加。此外，物品往往随着时间变长而需求更富有弹性。当汽油价格上升时，在最初的几个月中汽油的需求量只略有减少。但是，随着时间推移，人们购买更省油的汽车，转向公共交通，或迁移到离工作地方近的地点。在几年之内，汽油的需求量会大幅度减少。

再如，2004年禽流感的出现在一定程度上打击了家禽类相关产品的生产，但没有从整体上影响整个农村经济的发展。因为在禽流感流行期间，人们在饮食上对鸡肉的抵制是最明显的，对于鸭、鹅等家禽的相关产品也颇有顾忌。家禽本来是人们的主要肉食对象，而如今它们的供应量大幅度减小。于是，人们的肉食对象集中在猪、牛、羊、鱼等动物上。

需求弹性对企业营销的影响很大。例如，生产饮料的企业，对价格的调整就要非常谨慎。因为饮料的需求弹性很大。类似的饮料，如各种可乐或各种果汁或各种奶茶，不然价格不会相去太多，如果某饮料突然涨价，就会让顾客转往其他品牌的类似饮料，顾客迅速流失。这种取代性商品众多、需求弹性很大的商品，价格调高将会导致销量迅速变化。

如果商品需求弹性很小，商品的供给方提高价格，需求量减少幅度不大，收入会升高；反之降低价格，收入会降低。如果商品有弹性，供给方会提高价格，需求量减少的幅度较大，收入会降低，反之降低价格，收入会增加。因此，供给方在制定价格时必须考虑到商品的价格弹性，弹性低不妨提高价格，弹性高就降低一点价格。

## 供给价格弹性：什么导致了供电危机

与需求弹性类似，供给也有弹性。有的商品价格一个较小的变化，就能引起供给量一个较大的变化，就像充足气的皮球轻轻用力一拍，它就能弹得很高一样，我们说这种商品的供给富有弹性。有的商品价格一个较大的变化只能引起供给量一个较小的变化，就像气不够的皮球，使劲用力拍它只能弹起一点点，我们说这种商品的供给缺乏弹性。我们用供给弹性系数来表示供给弹性的大小。

供给价格弹性 = ES = 供给量变动的百分比/价格变动的百分比

当弹性大于1，需求是富有弹性的，供给曲线比较倾斜；小于1，需求是缺乏弹性的，供给曲线比较陡直；等于1，需求是单位弹性，表明供给量变动的幅度等于价格变动的幅度，供给曲线是一条45度线；等于0，需求完全没有弹性，表明无论价格怎样变化，供给量不变，供给曲线向下垂直。由于价格越高，生产者越愿意提供产品，价格与供给量存在同方向变动的关系，所以供给价格弹性一般是正数。

很容易看出，供给的价格弹性与需求的价格弹性定义完全相同。唯一的差别在于：对于供给而言，供给量与价格正向变动，而对于需求来说，需求量与价格反向变动。

供给规律表明，价格上升供给量增加。供给价格弹性衡量供给量对价格变动的反应程度。如果供给量对价格变动的反应很大，可以说这种物品的供给是富有弹性的，反之，供给是缺乏弹性的。

供给价格弹性取决于卖者改变他们生产的物品产量的伸缩性，例如，海滩土地供给缺乏弹性是因为几乎不可能生产出土地，相反，书、汽车这类制成品供给富有弹性。

在美国加利福尼亚州，由于能源供应长期以来都比较紧张，所以从 20 世纪 70 年代以来政府就实施了一系列严格的能源控制计划。但是新自由主义经济学家们认为，如果加州真的能源紧张，那么价格就会上涨，这一方面会使人们减少使用能源；另一方面会使能源供应商增加供应，这样能源紧张局面就会扭转。在这些经济学家的鼓动下，里根政府放弃了对加州的能源管制，使能源使用量猛增，价格上涨，仅电价就翻了十几倍。可加州的能源供求关系不仅没有因市场调节而趋于缓和，反而愈发紧张。2000 年夏天，加州终于遭遇了前所未有的供电危机，最后，加州政府重新启用了严格的能源管制措施。

为什么自由主义经济学家的理论不灵了？原来能源生产专用性强，固定资产占用大，生产周期长，所以能源供给缺乏弹性。尽管能源价格的上涨会使供给增加，但增加幅度十分有限。与此同时，能源作为一种生活必需品，人们对其需求并不会因为价格上涨就会有大的减少，即其需求也缺乏弹性。这样就会造成能源供应进一步紧张，推动价格进一步提升。价格的上涨又使得很多用户无法及时交纳电费，使得能源公司不仅得不到高额利润，反而濒临破产，不得不求助于政府帮助和保护。

那么影响供给弹性的因素究竟有哪些呢？主要有如下几个方面：

（1）时间

这是影响供给弹性一个很重要的因素。当商品的价格发生变化时，供给方对产量的调整需要一定的时间。在较短的时间内，供给方若要根据商品的涨价及时地增加产量，或者若要根据商品的降价及时地缩减产量，都存在不同程度的困难，因而供给弹性较小；相反，在较长的时间内，生产规模的扩大与缩小，甚至转产，都是可以实现的，供给量可以对价格变动作出较充分的反应，因而供给弹性相应较大。

（2）单位产品的生产成本对产量的敏感程度

如果单位产品的生产成本对产量非常敏感，供给方就不会轻易调整产量，从而供给弹性较小；反之，则供给弹性较大。

（3）产品的生产周期

在一定的时期内，对于生产周期较短的产品，厂商可以根据市场价格的变化及时地调整产量，供给弹性就比较大，相反，生产周期较长的产品的供给弹性往往就小。

另外，生产的难易程度，生产规模变化的难易程度，对未来价格的预期等也会影响供给弹性。

消费量并不是唯一受价格涨跌影响的变量。企业在制定其生产决策时也会受价格影响。大多数市场上，供给价格弹性关键的决定因素是所考虑的时间长短。在长期中的弹性通常都大于短期。在短期中，企业不能轻易地改变工厂规模来增加或减少一种物品的生产。在长期中，企业可以建立新工厂或关闭旧工厂，此外，新企业可以进入一个市场而旧企业可以关门，因此在长期供给中供给量可以对价格作出相当大的反应。

## 刚性需求：受价格影响较小的需求

某粮店开张，但顾客没有老板预想的多。当老板看到满街的商店降价促销的吆喝声不绝于耳，打折出售的招牌随处可见，而看到这些红红火火的顾客盈门的场面，老板心想"薄利多销"是很有道理的。

于是，老板将贴在外面的价目表改了一下，在原来的"1.8元1斤"上用红笔画去了"1.8"换成了"1.7"，即"1.7元1斤"。价格便宜了1角，但是没有多吸引多少顾客。老板想，可能是因为降价的幅度不大，于是将"1.7"改为了"1.5"，变成了"1.5元1斤"，这是非常便宜的价格了。但老板发现，吸引的顾客还是不多。等到晚上算账的时候，销售收入几乎没有增加。

这使粮店老板十分纳闷：为什么销售收入没有增加？

如今，商品打折已经成了一种风气，无论大街小巷，总会看到"大甩卖""跳楼价""大放血"等字样。但我们很少看到粮食等商品打折销售。这是为什么？因为，粮食消费是我们的刚性需求，不会因为价格上升而减少对其消费。

其实，刚性需求是相对于弹性需求而言的，指商品供求关系中受价格影响较小的需求，这些商品包括日常生活用品、家用耐耗品等等。也可理解为人们日常生活中常见的商品和必需品。一般来说，生活必需品的需求的价格弹性较小，非必需品的需求的价格弹性较大，生活必需品才能成为人们的刚性需求。

以香烟为例，香烟的刚性需求可以理解为：香烟是需求的价格弹性较小的商品，对于吸烟上瘾的人来说，价格上涨不会减少消费。对不吸烟的人来说，香烟的价格再低他也不会消费。吸烟对本人、对社会都是不利的，因此，为限制香烟的消费，政府对香烟征收重税，但是烟厂的利润依然相当可观，因为消费者对香烟有依赖，生产者因此可以将其税负转嫁给消费者，结果香烟的税主要由消费者来承担。

从人们生活的角度讲，粮食比其他商品对生命更重要。历史上就有"手中无粮心中慌""一日无粮千兵散"的说法。因此在所有的刚性需求里，最"刚性"的需求莫过于对粮食的消费。耕地的减少从根本上制约了粮食的进一步增产，一些国家对农业的投入较少使得粮食单产提高有限，粮食供给无法大幅度扩张。而发展中国家对粮食需求的增长，以及全世界对生物能源的持续需求，共同构成了未来对农产品的长期刚性需求。

只不过，我国粮食在10多年前就逐步放开了，而食盐到现在仍继续实行专营，并且不光是我国，世界上许多国家对盐都控制得很严。例如，美国号称市场经济的典范，什么商品的生产销售都是由市场供求来决定，可对食盐控制得特别严格。美国采取的管理模式是协会和政府共同管理，政府负责盐开采的审批，制盐企业都必须在美国食品医药管理局进行登记，而美国盐业协会等行业协会和政府部门制定各种盐的技术指标，并有专门机构对不同用途的盐的指标进行监督检查。

这种对盐的严格控制，有很多种原因。但从经济学的角度来说，需求弹性是其中的一个主要因素。需求弹性指的是价格变化对需求的敏感度。正是由于食盐没有替代品，其需求弹性很小，所以国家对食盐的管制非常严格。对于人们来说，不管食盐价格涨多高，都必须消费。如果国家放开对食盐的控制，导致食盐市场出现混乱，则对人们生活影响非常大。当然，粮食的需求弹性也非常小，但相对于食盐来说还是大一些，因为粮食的品种非常多，大米、小麦、玉米等都可以相互替代，这种价格高了就可以吃另外一种，而原盐就只氯化钠一种，至少目前尚无其他物质可以替代。

这是比较极端的"刚性需求"，其实，我们每个人都有自己特定的

"刚性需求"。比如影碟并非生活必需品，按理来说价格弹性比较高，但有人爱电影如命，价格再高也照买不误，对他们来说，对影碟的消费就是他们的"刚性需求"。

值得注意的是，刚性需求也是不断变化的：现代社会的刚性需求和"汉朝的刚性需求"，早已产生了天翻地覆的变化。

手机，刚出现时，还属于"有钱人"的弹性需求，这些年下来，手机已经成为了"人人必需"的刚性商品；电脑，过去并非刚性需求，如今已经变成最坚挺的"刚性需求产品"，而电脑都离不开的基本软件——操作系统，也毫无悬念地成为了"刚性需求"；而私家车，在"城城皆堵"的中国，也是越来越"刚性"……

# 蛛网理论：丰产为何不丰收

　　蛛网理论指出，当供求决定价格，价格引导生产时，经济中就会出现一种周期性波动。例如，某种产品在第 1 期中供小于求时，价格上升，第 2 期必定生产增加，价格下降；由于第 2 期价格下降，生产减少，又引起价格上升；再引起第 3 期生产增加，价格又下降。把各个时期的价格与产量波动画出一个图，这个图就类似于一张蜘蛛网，故有"蛛网理论"之称。

　　这种蛛网型波动在农业中表现最为明显。我国曾出现过的粮食产品价格上升，引起产量增加，这时供大于求，接着价格下降，产量又减少的这样的波动。如 1979 年我国大幅度提高粮价，粮食生产逐年提高，到 1984 年总产量突破 4000 亿公斤；1985 年由于粮食实际价格水平比前两年降低，粮食生产迅速滑坡，连续 4 年徘徊不前；1989 年，国家又一次大幅度提高粮价，粮食生产又获丰收，到 1993 年总产量突破 4500 亿公斤；1994 年粮食生产滑坡，粮食产量减少。当年比上年粮食减产 240 亿公斤，价格上涨 50%；1995 年后，粮食连续 4 年大丰收，粮价一路下跌，1999 年粮食生产开始滑坡，2003 年粮价又开始上涨。粮食出现这几次大的周期性波动，与蛛网理论分析得出的粮价变动特性是相符的。2007 年的大白菜供大于求正是由于 2006 年大白菜价格较高造成的，因为农民往往根据上年的价格来决定当年的生产。

　　一些经济学家用蛛网理论解释生猪和玉米的价格与产量的关系及其波动，提出了著名的"生猪——玉米循环"模型。

　　这个模型指出：因为玉米是生猪的主要饲料，生猪的价格会影响到玉米的价格。当玉米价格发生变动后，又会影响下一年玉米产量，玉米产量变动后，又会影响玉米价格，玉米价格的变动，进而影响生猪的价格，生猪的价格变动又影响生猪的产量。如此等等，直至趋向一个长期的均衡，即玉米和生猪的价格和产量相对稳定下来。

蛛网理论是一种动态均衡分析。古典经济学理论认为，如果供给量和价格的均衡被打破，经过竞争，均衡状态会自动恢复。蛛网理论却证明，按照古典经济学静态下完全竞争的假设，均衡一旦被打破，经济系统并不一定自动恢复均衡。这种根据的假设是：

（1）完全竞争，每个生产者都认为当前的市场价格会继续下去，自己改变生产计划不会影响市场。

（2）价格由供给量决定，供给量由上期的市场价格决定。

（3）生产的商品不是耐用商品。这些假设表明，蛛网理论主要用于分析农产品。

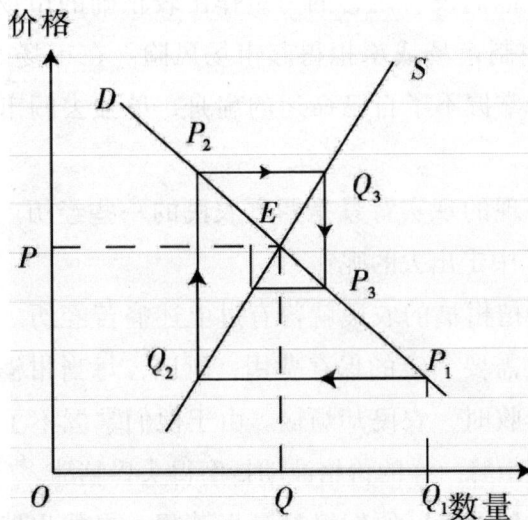

蛛网模型示意图

如上图所示，$P$、$Q$、$D$、$S$ 分别是价格、产量、需求函数和供给函数。根据上述模型，第一时期的价格 $P_1$ 由供给量 $Q_1$ 来决定。生产者按这个价格来决定他们在第二时期的产量 $Q_2$。$Q_2$ 又决定了第二时期的价格 $P_2$。第三时期的产量 $Q_3$，由第二时期的价格 $P_2$ 来决定，以此类推。由于需求弹性、供给弹性不同，价格和供给量的变化可分以下三种情况：

（1）当供给弹性小于需求弹性（即价格变动对供给量的影响小于对需求量的影响）时，价格和产量的波动将逐渐减弱，经济状态趋于均衡。

（2）当供给弹性大于需求弹性（即价格对供给量的影响大于对需求量的影响）时，波动逐步加剧，越来越远离均衡点，无法恢复均衡。

（3）当供给弹性等于需求弹性（即价格变动对供给量的影响等于对需求量的影响）时，波动将一直循环下去，既不会远离均衡点，也不会恢复均衡。

从蛛网型波动中，我们得到了这样一个启示：不能让农民单独面向市场。因为，他们没有足够的力量作出较正确的市场预测，也不能在某种程度上控制市场或承担得起市场风险。在市场经济的大海中，农民就像是一叶掌握不了自己命运的扁舟，单独去闯市场恐怕是凶多吉少。

蛛网理论出现的现实背景是西方农民的一些经历。那么，他们是如何从"蛛网"中走出去的呢？

在美国，种植柑橘的农民就曾有过上述痛苦经历。因柑橘的生产具有周期性，且需要一定的保存费用，所以，每当柑橘歉收时，农民会高兴；柑橘丰收时，农民却烦恼。由于他们掌握不了这种生产的变化，因此被类似山峰一样的价格波动折磨得头昏脑涨。

为了摆脱这种困境，他们终日冥思苦想，寻找出路。最后，有人想出了一个高招，组建了一个农民与市场之间的中介组织，即新奇士协会。新奇士协会与以前的农业生产合作社不同，它是由农民自己组建的销售组织。

果农将柑橘卖给协会，由协会去面对市场。新奇士协会控制了供给，在市场上也就有了发言权。当供大于求时，协会可以控制供给与价格，来减少农民损失。同时，它为农民提供了许多有用的信息及实用的技术。

除此之外，协会做了许多农民自己无法做到的事情。比如注册柑橘的"新奇士"商标；组织产品出口；对产品进行储藏、加工、宣传及调节供给等。

这些做法稳定了供给，平衡了市场力量，从而使柑橘的价格有了保障。如此一来，农民种植柑橘的积极性自然得到提高。同时，良好的销售业绩保障了农民的收入和利益。

由此可见，要想让农民走出这种蛛网理论的局限，并不能光靠其自身力量，在农民和市场之间建立一个有效的中介组织才是好的解决办法。通过它将农民和市场联系起来，让农民从价格波动的困境中走出来。

# 第五章

## 需求与消费

# 需求定理：需求量与商品价格是什么关系

需求是指消费者在某一特定时期内、在某一价格水平上愿意而且能够购买的商品量。作为需求要具备两个条件：第一，有购买欲望；第二，有购买能力，这两者缺一不可。

鸦片战争以后，英国商人为打开中国这个广阔的市场而欣喜若狂。当时英国棉纺织业中心曼彻斯特的商人对把洋布销到中国十分乐观，他们估计，中国有4亿人，假如有1亿人晚上戴睡帽，每人每年用两顶，整个曼彻斯特的棉纺厂即使加班加点也不够，何况这只是睡帽，还有衣服、裤子、被子、单子……都需要洋布。于是他们把大量洋布运到中国，结果这是一枕黄粱美梦：洋布在中国根本卖不出去。这是为什么呢？

这是因为洋布并没有满足中国人需求的两个条件。一方面，当时中国人没有戴睡帽的习惯，衣服也用自产的丝绸和土布，所以对英国机织洋布没有购买欲望；另一方面，当时中国人也很穷，农民手中现金极少，缺乏购买商品的能力，所以洋布在中国卖不出去。英国人可以用炮舰打开中国国门，把洋布运到中国，却无法强迫中国人购买。

我们到商场去购物是为了得到效用，因此总要比较一下货币支出与能获得的效用，看值不值。如果我们的货币收入是一定的，即每单位货币给我们带来的效用都是相等的，那么我们对某物品愿意付出的价格就以该物品的边际效用为标准。如果边际效用大，我们就愿意付较高的价格；如果边际效用小，我们就只愿付较低的价格。随着我们购买某物品数量的增加，该物品的边际效用随之递减，这样我们愿意付出的价格也就降低。因此，在其他条件不变时，我们对某物品的需求量与其价格就呈反向变动，这就是需求定理。在理解需求定理时要注意这样几点：

（1）其他条件不变是指影响需求的其他因素不变，离开了这一前提，需求定理就无法成立。例如，如果收入增加，商品本身的价格与需求量就不一定呈反方向变动。

（2）需求定理指的是一般商品的规律，这一定理也有例外。比较重要的是炫耀性商品与吉芬商品。

（3）需求定理反映了商品价格与需求量之间的反方向变动关系，这种变动关系是由收入效应和替代效应共同作用形成的。

（4）贵的优势商品和差的劣势商品各加上一个相同的固定费用，那么贵的优势商品就相对便宜，根据需求定律，相对便宜即意味需求量上升。

如果我们用横轴 $OQ$ 表示需求量，纵轴 $OP$ 表示价格，那么需求量与价格呈反向变化的关系可以用一条曲线 $D$ 来表示，这条曲线是向右下方倾斜的，其斜率为负，称为需求曲线，如图所示。

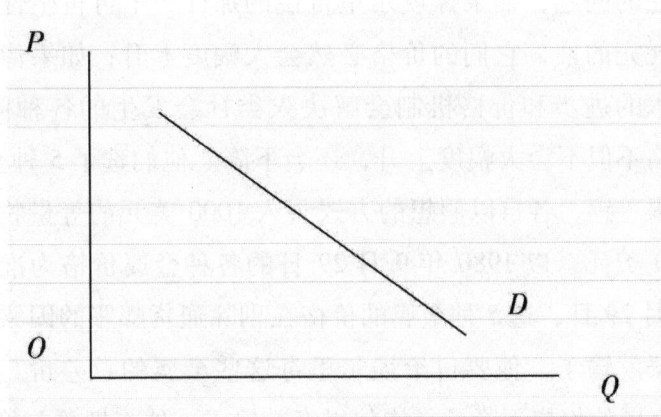

在众多知名的连锁超市中，人们对沃尔玛的低廉价格有着深刻的印象。如果你问沃尔玛的员工：沃尔玛靠什么来吸引顾客？他们大都回答：便宜。有人甚至会说沃尔玛是 5 元进的货，3 元卖，这不是亏本的买卖吗？沃尔玛靠什么赚钱？怎么会成为全世界最大的零售商呢？原来沃尔玛并不是什么商品都打折，只有部分商品打折，给顾客留下便宜的印象。于是根据需求定理，就会吸引顾客到沃尔玛来。顾客既然来了，就会稍带买些并没有打折的商品，于是带动了整个商场的销售量。为了避免顾客只冲部分商品来超市，沃尔玛采取了轮流打折的策略，让顾客也搞不清今天哪种商品打折，反正总有打折的商品，从而养成到沃尔玛消费的习惯，保证了沃尔玛的可持续发展。

需求定理认为，价格与需求是成反向变动的，在经济学史上就曾经有一个探讨需求定理作用的有趣故事。20世纪80年代，美国著名的经济学家斯坦福大学的保罗·埃尔里奇认为，由于人口爆炸、食物短缺、不可再生性资源的消耗、环境污染等原因，人类的前途堪忧；而马里兰州立大学的朱利安·西蒙认为，人类社会的技术进步和价格机制会解决人类社会发展中出现的各种问题，所以人类社会的前途还是光明的。他们都有自己的支持者，形成了两个派别：悲观派和乐观派，进行了很长时间的争论。由于公说公有理，婆说婆有理，谁也说服不了谁，只好用时间来检验了。为此他们打了赌，赌不可再生性资源是否会消耗完的问题，如果像埃尔里奇说的那样，不可再生性资源总有一天会消耗完的话，它们的价格必然会大幅度上升；如果像西蒙说的那样，技术的进步和价格机制会解决人类社会发生的各种问题的话，它们的价格不但不会大幅度上升，还会下降。他们选了5种金属：铬、铜、镍、锡、钨，各自以假想的方式买入1000美元的等量物质，每种金属各200美元、以1980年9月29日的各种金属价格为准，假如到1990年9月29日，这5种金属的价格在剔除通货膨胀的因素后果然上升了，西蒙就输了，他要付给埃尔里奇这些金属的总差价。反之，假如这5种金属的价格下降了，埃尔里奇就输了，他将把总差价支付给西蒙。经过了漫长的10年的等待，事情终于有了结果，最后是西蒙赢了：5种金属无一例外都降了价。

为什么这5种不可再生性资源的价格都下降了呢？这是因为世界上

任何资源都有替代品，当这些资源的价格上升时，会刺激人们去开发和使用它们的替代品，它们的需求就会减少，这就是需求定理。需求的减少又会使其价格下降。比如在青铜器时代，人们用铜做器物：铜锅、铜盆、铜剑……甚至镜子和货币也是铜做的：铜镜、铜钱。现在为什么只能在博物馆看到这些东西呢？就是因为随着科学技术的进步，人们发现了很多青铜的替代品，比如用铁制锅和剑，用塑料制盆，用玻璃制镜，用纸制钱，等等。铜的需求就会大大减少，价格也就会下降了。

因此正如西蒙所说的，人类社会的技术进步和价格机制会解决人类社会中出现的各种问题，所以人类社会的前途还是光明的。

# 替代效应：萝卜贵了就吃白菜

2009 年岁末一场大范围降雪使得各地的青菜价格猛地涨了不少。细心的人会发现，青菜价格是涨了，但买的人也跟着少了。据卖菜的摊主说，虽然青菜价格涨势汹猛，但整体上还不如正常天气下卖菜赚的多。这是为什么？随着鲜菜价格的大涨，精打细算的消费者们开始盯上了价格一向稳定的腌制蔬菜。"菜价涨得凶，只有腌菜价格没动。一年到头都可以吃到新鲜蔬菜，偶尔换换口味也不错。"很多消费者都这样想。于是，腌制的萝卜、雪菜、苋菜、霉干菜等，都卖得不错，风头明显超过了平时颇受青睐的新鲜蔬菜。不过，随着天气转好，鲜菜价格恢复平稳，鲜菜的销量也随之上升了，腌菜重新回复"冷门"了。

这其实就是替代效应在发挥作用。替代效应是指由于一种商品价格变动而引起的商品的相对价格发生变动，从而导致消费者在保持效用不变的条件下，对商品需求量的改变，称为价格变动的替代效应。比如，你在市场买水果，一看到橙子降价了，而橘子的价格没有变化，在降价的橙子面前，橘子好像变贵了，这样你往往会多买橙子而不买橘子了。对于两种物品，如果一种物品价格的上升引起另一种物品需求的增加，则这两种物品被称为替代品。

替代效应在经济生活中发挥着重要的作用。2007 年 3 月 2 日，信产部发布了中国联通公司申请停止 30 省（自治区、直辖市）寻呼业务的公示。该文件显示，中国联通向信产部申请停止经营全网（除上海市）198/199、126/127、128/129 无线寻呼服务，已经基本完成北京、天津、河北等30省（自治区、直辖市）范围内在网用户的清理和转网等善后处理工作。联通在全国范围内停止寻呼业务，预示着寻呼机将正式告别历史舞台，成为一个时代的背影。寻呼机刚出现时，价格贵得惊人，一部要几千元，而当时人们的工资一般才几百元。谁要是有一部这样的机子，是很叫人羡慕的。中国的寻呼业获得飞速发展，在20世纪90年代曾经辉煌一时，全国用户发展的增长幅度曾高达150%，用户规模一度逼近一个亿。但是繁华易逝，自1999年年底开始，随着手机的迅速普及，寻呼业被打入漫长的冬天。

尽管寻呼企业也曾尝试转向股票、警务等专业化服务，但依然无法扭转颓势。2002年时，联通还高调接收了另一家著名的寻呼企业——润讯通信的用户，仅广东就接纳了50万户之多。但是，兼并与重组也不能改变寻呼企业每况愈下的经营状况，寻呼业务再也没有寻到翻身之日。所有努力都无法阻挡寻呼业走向没落的脚步。

寻呼机为何只发展了短短的十几年，就从辉煌走向衰落？从经济学角度解释，替代效应发挥了巨大的作用。人们有了更方便实用的手机，谁还会选择寻呼机？寻呼机完全被手机替代了！

替代效应在生活中非常普遍。我们日常的生活用品，大多是可以相互替代的。萝卜贵了多吃白菜，大米贵了多吃面条。一般来说，越是难以替代的物品，价格越是高昂。比如，产品的技术含量越高价格就越高，因为高技术的产品只有高技术才能完成，替代性较低，而馒头谁都会做，所以价格极低。再如艺术品价格高昂，就是因为艺术品是一种个性化极强的物品，找不到替代品。王羲之的《兰亭集序》价值连城，就是因为它只有一幅。

当2008年猪肉价格暴涨后，许多市民增加了其他涨价较少的肉类食品的消费比例，其实这就是替代效应在发挥作用。在生活中我们往往具有这样的智慧：当我们发现某种经常使用的消费品涨价后，往往会选择价格更为便宜的商品。

2008年7月宝洁正式启动了旗下产品的第二轮提价，护舒宝、帮宝适等系列产品涨幅达 10% 左右，创近年新高。如潘婷 200 毫升装洗发水，从 15 元左右涨至约 18 元；玉兰油 400 毫升装沐浴乳从 21 元涨至约 24 元。联合利华也紧随其后，力士洗发水、香皂，夏士莲香皂、中华牙膏等价格上涨 10%~15%。

　　大品牌洗化用品结伴涨价，引起一些消费者的抱怨和抵触，部分未涨价的国产品牌成为其选择的替代品。在这些国外大品牌宣布涨价后的一个月内，来自家乐福的销售数据显示，大品牌洗化用品销售并不理想，但国产品牌逆势上扬，如六神、霸王、匠人等洗发水、沐浴露，以及雕牌、立白等洗衣粉及皂类。

　　还有其他的情况出现，比如在"三鹿奶粉"事件发生后，人们对国产奶粉的不信任感急剧增加，在当时他们不愿意喝国产奶粉，这时应该寻找哪些替代品呢？聪明的人们找到了多种牛奶的替代品：燕麦粥、豆浆、生牛奶、羊奶、水牛奶、奶糊、椰奶等。

　　其实，在我们的工作中，替代效应也在发挥作用。那些有技术、有才能的人在企业里是香饽饽，老板见了既是加薪，又是笑脸，为什么？因为这个世界上有技术、有才能的人并不是很多，找一个能替代的人更是不容易。而普通员工，企业很容易从劳务市场上找到替代的人，中国是人力资源大国，你不愿意干，想干的人多的是。对于别人的薪金比自己高，不要吃惊和不平，只要使自己具有不可替代性，自己的待遇自然会提上来。

　　替代效应在人们的日常生活中无处不在，我们应认识并能充分利用这种效应，做一个聪明的经济人。

# 收入效应：收入水平变化中的消费决策

当一种商品的价格发生变化时，会对消费者产生两种影响：一是使消费者的实际收入水平发生变化；二是使商品的相对价格发生变化。这两种变化都会改变消费者对该种商品的需求量。

例如，在消费者购买商品 $X$ 和商品 $Y$ 两种商品的情况下，当商品 $X$ 的价格下降时，一方面，对于消费者来说，虽然名义货币收入不变，但是现有的货币收入的购买力增强了，也就是说实际收入水平提高了。实际水平的提高，会使消费者改变对这两种商品的购买量，从而达到更高的效用水平，这就是收入效应。另一方面，商品 $X$ 价格的下降，使得商品 $X$ 相对于价格不变的商品 $Y$ 来说，较以前便宜了。商品相对价格的这种变化，会使消费者增加对商品 $X$ 的购买而减少对商品 $Y$ 的购买，这就是替代效应。

总之，一种商品价格变动所引起的该商品需求量变动的总效应可以被分解为替代效应和收入效应两个部分，即，总效应 = 收入效应 + 替代效应。

按照一般的消费理论，引起消费变化的主要因素分替代效应和收入效应。不管是发生了收入效应还是替代效应，还是两者同时发生了，总之，由于这两种效应的作用，当一种物品的价格下降时，其购买量会增加，反之当价格上升时，其购买量会减少。这是人人凭生活经验就可以感受到的需求规律。

显然，依靠商品价格的下降提高消费不是消费增长的长期可持续源泉。因此，提高消费在国民经济中的比重，关键是提高消费者的收入。政府对落后地区的农村劳动力转移进行补贴，以促进农村剩余劳动力的重新配置的政策无疑是正确的，但对于提高整体消费还是远远不够的。

我国消费长期低迷的症结不是老百姓热衷储蓄"不愿花钱"，而是居民收入水平跟不上经济发展速度，如工资水平作为衡量居民收入的指标，其在经济指标中的比重呈持续下降态势。

长期以来，我国治理消费低迷的措施全然集中于替代效应，也就是出台政策令消费变得"更便宜"，而储蓄"更贵"（如低利率、加征利息税等）。这些措施的目的是要引导储蓄向当期消费转化。其实，相对于替代效应，收入效应应是消费增长的长期可持续源泉，不过就一个国家增加居民收入而言，不是意味着是要过多地干预企业与职员的工资合议。

目前，我国农业的劳动生产率仅为其他经济部门的1/6左右。这部分农业劳动力有一半为剩余劳动力，若重新配置到其他行业中，特别是劳动密集型的服务业，就业类型的转变可能给这些劳动力的收入带来质的变化。一旦收入提高的速度超过价格水平的上涨速度，将会有效刺激市场需求。

在现实中，税收也会对人们产生收入效应和替代效应。如果把所得税看作人们向政府购买公共物品所付出的价格的话，所得税的税率提高了，就相当于公共物品的购买价格提高了，由于公共物品是政府提供的一种共享资源，所以个人不会因为享受它们而产生比别人更多的满足感，而且税收是强制性缴纳的，所以又不能选择减少公共物品的购买。在这样一种背景下，税率提高会使人们产生两种感觉：第一，感觉自己的实际收入降低了，从而会更加心疼钱，而且为了补偿税收的损失，人们会工作更长的时间或做多种工作以增加收入，这就是收入效应；第二，工作是为了取得收入，而取得收入是为了提高生活水平，得到快乐和满足，但闲暇娱乐也会使人们感到快乐和满足，税率提高尤其是累进税，会让人们觉得自己挣钱越多越不值得，工作越多越不值得，于是，闲暇的快乐具有了更强烈的吸引力，人们会更多地选择闲暇来替代工作。

这么看来，所得税税率提高使这两种效应对经济各自发挥了不同方向的作用：正面的和负面的。而这两种效应不是平均起作用的，那么什么情况下收入效应占主导，什么情况下替代效应占主导呢？

如果你新挣了 1 元钱，而这 1 元钱中要纳税 8 角，那么你肯定不会去挣这 1 元钱了。所以新增加的收入税率越高，人们就越不愿意多工作，宁愿闲着。所以，新增收入的税率（边际税率）越高，税收的替代效应越明显。

而如果平均税率较高，那么无论人们的收入在何种档次上，税收比例都是一样的。这时人们则会倾向于多增加收入，因为多增加的收入不用多缴税。如果所得税是比例税，挣多挣少都缴同样比例的税，那么多挣钱就没有什么阻碍，所以这时候收入效应就会发生主导作用了，人们就会多工作来增加实际收入。

由此可见，税收的替代效应会导致人们工作努力程度的降低，是一种对经济的阻碍力量，也被称为税收的抑制效应。而反过来，努力降低替代效应的作用，降低所得税的边际税率和减少税率档次，则可以作为振兴经济的一条政策出路。

# 互补品：油价上涨，汽车销量就下降

对于消费者来说，要满足同一种需要，往往不只消费一种商品，而是消费两种或两种以上的商品。一种商品价格的变动，不只影响该种商品的需求量，还会对与之有关的其他商品的需求量和价格产生影响。反之，一种商品需求量变动，不仅会影响该商品自身的价格，还会影响到与之相关的其他商品的价格和需求量。这就是说，商品之间存在着一种交叉关系，根据这种交叉关系，消费者可以利用有关商品的不同组合进行合理的消费，以期达到最大效用。商品本身的性质不同决定了它们之间可以存在着替代性、互补性和无关性，据此可将商品分为替代品、互补品、独立品。

所谓替代品是指两种商品在效用上相似并可以相互代替，消费者可以通过二者的组合来满足同一种需要，并可以通过增加一种商品的消费而减少另一种商品的消费来保持商品的组合效用不变。如肥皂和洗衣粉、牛肉和猪肉等，它们之间的关系是互相替代的。

而独立品是指一种产品的销售状况不受其他产品销售变化的影响。假设存在两种产品 A 和 B，那么，A 是独立品的情形会有两种。一是 A 和 B 完全独立，不存在任何销售方面的相关关系，日光灯与空调机之间的关系就属此类；二是尽管 A 和 B 从功能上讲是独立的，但是，产品 A 的销售增长可能会引起产品 B 的销售增长，而产品 B 的销售变化决不会作用于产品 A 的销售状况。换句话说，A 对 B 的影响关系是单向的，B 则不会影响 A，那么 A 相对 B 而言仍是独立品。

所谓互补品是指两种商品在效用上是互相补充的，二者必须结合起来共同使用才能满足消费者的需求，也可以把这种需求叫作联合需求，即一种商品的消费必须与另一种商品的消费相配套。一般而言，某种商品的互补品价格上升，将会因为互补品需求量的下降而导致该商品需求量的下降。

也就是说，两种商品必须互相配合，才能共同满足消费者的同一种需要，如照相机和胶卷。胶卷的需求量与照相机的价格有着密切关系，一般而言，照相机价格上升，胶卷的需求量下降，两者呈现反方向变化。所以，如果 $X$ 和 $Y$ 是互补品，$X$ 的需求量就与 $Y$ 的价格成反向变化。

与替代品是满足消费者同一需要而不用同时使用的商品不同，互补品是共同满足需要，而且必须同时使用的两种商品，缺一种都不行。汽车销量的增加导致汽油销量的增加，油价的上涨导致汽车销量的下降，因为两者是互补品。也就是说，一种商品价格的上升不仅使该商品的需求量减少，也使它的互补品的需求量减少；相反，一种商品价格下降、需求量增加，引起它的互补品的需求量增加。

互补品会大大提高你的主打产品的销量。例如1900年的法国，就在安德烈和爱德华两兄弟刚刚接管家族设在克莱蒙费朗市橡胶生意之后不久，他们决定为旅行者出版一本指导手册。而从经济学的角度来说，旅行指南和汽车轮胎可以被称为"互补品"——也就是两种常常会被联系在一起进行消费的商品。随着《米其林指南》变得越来越流行，这本小册子也逐渐成为了一种强大的品牌构建和营销渠道。事实上，仅仅是销售《米其林指南》就给这家公司带来了滚滚财源。

而利用互补品的经济学原理还可以给公司带来运营上的收益。美国早期的城市电车系统就是一个很好的例子。早期的电车运营商们投入了庞大的资金来修建专门的道路网络，可让他们万万没有想到的是，虽然电车在上下班的时候客流量很大，但高峰期之外很少会有人搭乘电车。毫无疑问，这种客流量的不均衡性大大降低了运营商们的盈利能力。为了提高非高峰期的客流量，运营商们想到了一个绝妙的主意：

他们决定在市中心之外修建娱乐公园。到 1901 年，美国有超过一半的市区交通公司都修建了类似的公园。这些公园不仅增加了电车的客流量，它们还提高了电车发电机的使用率，从而大大提高了电车运营商们的资本效率。

我们再来看生活中的一个有关替代品与互补品的例子。微软的 Office 软件有好几种替代品，如 WPS2007 极好地兼容 Office2003，但是大多数人依旧使用盗版的 Office2003。造成这种情况的很大一部分原因是互补品的差别。举个例子，你如果使用智能手机，你往往需要安装 Outlook，而这是 Office2003 的一个组件，它直接调用 Word 编辑电子邮件。不仅微软围绕 Office2003 构建了一系列产品，其他厂商也以其为范本来开发自己的产品。例如 EndNote 是使用最为广泛的个人文献管理软件，它可以直接在 Word 中导入参考文献，在 WPS 中却无能为力。这样一来，EndNote 的用户就不能放弃 Word。无论是企业级用户还是个人用户，最终要选择的都不是一个软件，而是一个适合于自己的工作环境，这就使得互补品成为一个产品竞争力的重要因素。

WPS 对个人用户免费的主要原因——至少要网罗到一个较大数量的用户群体，才能使其他厂商兼容你的产品。即便软件可以免费获得，用户也不认为他的转移是无成本的，即使 WPS 在菜单设置上和 Office2003 几乎一样了，文档格式也达到很高程度的兼容，但是有些用户可能还是不愿意转移过来。原因可能是多种多样的，但是互补品是其中最重要的原因之一。

# 棘轮效应：不可逆转的消费习惯

棘轮效应，又称制轮作用，是指人的消费习惯形成之后有不可逆性，即易于向上调整，而难于向下调整。尤其是在短期内消费是不可逆的，其习惯效应较大。这种习惯效应，使消费取决于相对收入，即相对于自己过去的高峰收入。实际上棘轮效应可以用宋代政治家和文学家司马光一句著名的话来概括：由俭入奢易，由奢入俭难。

先来看一个故事。商朝时，纣王登位之初，天下人都认为在这位精明的国君治理下，商朝的江山一定会坚如磐石。有一天，纣王命人用象牙做了一双筷子，十分高兴地使用这双象牙筷子就餐。他的叔叔箕子见了，劝他收藏起来，而纣王满不在乎，满朝文武大臣也不以为然，认为这本来是一件很平常的小事。箕子为此忧心忡忡，有的大臣问他原因，箕子回答说："纣王用象牙做筷子，必定再不会用土制的瓦罐盛汤装饭，肯定要改用犀牛角做成的杯子和美玉制成的饭碗，有了象牙筷、犀牛角杯和美玉碗，难道还会用它来吃粗茶淡饭和豆子煮的汤吗？大王的餐桌从此顿顿都要摆上美酒佳肴了。吃的是美酒佳肴，穿的自然要绫罗绸缎，住的就要求富丽堂皇，还要大兴土木筑起楼台亭阁以便取乐了。对这样的后果我觉得不寒而栗。"仅仅 5 年时间，箕子的预言果然应验了，商纣王恣意骄奢，断送了商汤绵延 500 年的江山。

在这则故事中，箕子对纣王使用象牙筷子的评价，就反映了现代经济学消费效应——棘轮效应。"棘轮效应"最初来自对苏联计划经济制度的研究，美国经济学家杜森贝利后来使用了这个概念。古典经济学家凯恩斯主张消费是可逆的，即绝对收入水平变动必然立即引起消费水平的变化。针对这一观点，杜森贝利认为这实际上是不可能的，因为消费决策不可能是一种理想的计划，它还取决于消费习惯。这种消费习惯受许多因素影响，如生理和社会需要、个人的经历、个人经历的后果等。特别是个人在收入最高期所达到的消费标准对消费习惯的形成有很重要的作用。杜森贝利认为，对于消费者来说，增加消费容易，减少消费则难。因为一向过着高生活水平的人，即使实际收入降低，多半不会马上因此降低消费水准，而会继续保持相当高的消费水准。即消费"指标"一旦上去了，便很难再降下来，就像"棘轮"一样，只能前进，不能后退。

狭义的棘轮效应是指即使收入水平下降，个人消费习惯也不会随之下降。广义的棘轮效应是指经济活动中的不可逆性。猪肉禽蛋等原材料价格下降了，但是相应的制成品如牛肉拉面、肯德基、方便面以及饭店的价格不会相应地下降。这也与我们的生活经验相吻合，在居民的生活中，这种"能上不能下"的事件出现过多次，比如石油价格上涨，导致成品油价格大幅上涨，以及出租车打车价格的上涨，广州增加了一元钱的特别附加费，北京则将每公里的单价从1.2元和1.6元统一为2元/公里。但是在之后的国际油价下调过程中，这些价格没有相应下调。

在房价问题上，棘轮效应的表现就更加明显。现在，房价已经形成了棘轮效应，易上难下。这是因为，尽管房价上涨的各种负面影响很大，但一旦涨上去再跌下来，就将引发严重的经济问题。就整个经济体系来说，房价可以不涨，但绝对不能暴跌，否则就有可能引发严重的经济危机。

而在子女教育方面，因为深知消费的不可逆性，所以聪明之士更是十分重视棘轮效应。如今，一些成功的企业家虽然家境富裕，但仍对自己的子女要求严格，从来不给孩子过多的零用钱，甚至在寒暑假期间要求孩子外出打工。他们这么做的目的并非苛求孩子多赚钱，而是教育他们要懂得每分钱都来之不易，懂得俭朴与自立。这一点在比尔·盖茨身上体现得十分明显。比尔·盖茨是微软公司的创始人，个人总资产高达460亿美元，曾连续十多年位居全球富豪排行榜之首。然而，他将自己的巨额财产返还于社会，用在慈善事业上，只留给自己的三个孩子并不多的钱。

实际上，消费者这种不可逆的消费行为，在经济衰退、萧条和复苏时期有着巨大的能效，甚至能使经济重新达到繁荣，但我们在利用这一理论时也要有所慎重。对于经济"过热"的形势，棘轮效应的负面作用则是不可小看的。消费物价指数的不断上涨，钢铁与石油的高价无不使各界关于通货膨胀的争论四起。在这种情况下，如果旅游市场进入旺季太早，价格持续走高，虽然会对旅游产业发展有一定促进作用，然而却加重了物价指数不断攀高的危险。在这种情况下，蒙受损失的只能是普通百姓。一方面，这促使了物价上涨得更快，通货膨胀的压力更大；另一方面，由于消费者的实际收入不变，物价上涨之后，其实际收入无疑减少了，而由于棘轮效应的作祟，消费者此时并不会降低自己的消费支出。那样只能导致整个经济发展的混乱。

棘轮效应是出于人的一种本性，人生而有欲，"饥而欲食，寒而欲暖"，这是人与生俱来的欲望。人有了欲望就会千方百计地寻求满足。从经济学的角度来说，一方面，资源的稀缺性决定了不能放任棘轮效应任意发挥作用，无限制地利用资源来满足人类无尽的欲望；另一方面，应该利用棘轮效应的特点来拉动经济的增长和繁荣。

# 第六章

# 竞争与垄断

## 垄断：微软是对还是错

美国司法部起诉微软捆绑销售 IE 浏览器软件，涉嫌违反美国《反托拉斯法》，要求将它一分为二。有经济学家认为，微软公司无论从结构上（即市场份额）还是从行为上（即捆绑销售）都具备了垄断企业的性质，使更新、更先进的技术没有了生长的空间，消费者付出了更高的价格，造成了社会福利的损失：持这种观点的经济学家往往都以美国当年拆分贝尔公司以及近些年香港特区政府允许多家经营电信业务都使得电信资费下降和电信事业蓬勃发展为例，说明反垄断的必要性。另一种意见认为，微软是通过正当的市场竞争手段获取的垄断地位，这种垄断有理无错，因为任何一个竞争中的厂商最终无不追求垄断利润，搞捆绑销售只不过是企业营销战略的选择，只要不是政府行为或寻租行为形成的垄断都是可以接受的。将微软分拆无疑会对美国的新经济带来负面影响，因为它改变了创业者的预期，对创业财富的安全性产生了疑虑。经济自由学派的大师们如弗里德曼、张五常都是持第二种观点的。

哈佛大学教授高里·曼昆对分拆微软计划提出了质疑，并且在文章中讲了一个寓言故事：某人发明了第一双鞋，并为此申请了专利，成立了公司。鞋很快卖疯了，他成了最富裕的人。但这时他变得贪婪了，把袜子和鞋捆绑销售，还声称这种捆绑销售对消费者有利。于是政府出面说话了，认为他试图把其垄断地位从一个市场扩展到另一个市场。现在关键的问题出现了：政府应该怎么处置他呢？政府可以把他的公司拆成两个公司：一个卖黑鞋，一个卖白鞋，让它们相互竞争，这样消费者会得到好处。但是政府要把它拆成这样两个公司：一个生产左鞋，一个生产右鞋：这种分拆使事情变得更糟，因为生产像左鞋和右鞋这样互为补充的产品的垄断公司，双方都会要求得到更多的垄断利润，生产右鞋的公司根本不用考虑左鞋的需求就提高价格，生产左鞋的公司也会紧跟而上，这样消费者买一双鞋就要花比原来还要高的价钱，在故事里，政府的正确做法是取消鞋的发明专利，让别人也来开鞋厂，从而消除垄断。

其实是经济学家们对于垄断的不同看法。我们认为对垄断不能一概反对，要看这个垄断是怎么形成的，限制了它对技术创新有没有好处。像微软这样的企业是靠技术创新形成的，分拆了它对鼓励创新没有好处，应像专利一样在一定时间内允许它拥有垄断地位。

垄断的意思是"唯一的卖主"，它指的是经济中一种特殊的情况，即一家厂商控制了某种产品的市场。比如说，一个城市中只有一家自来水公司，而且它能够阻止其他竞争对手进入它的势力范围，这就叫作完全垄断。

既然整个行业独此一家，别无分号，显然这个垄断企业便可以成为价格的决定者，而不再为价格所左右。可以肯定的是，完全垄断市场上的商品价格将大大高于完全竞争市场上的商品价格，垄断企业因此可以获得超过正常利润的垄断利润，由于其他企业无法加入该行业进行竞争，所以这种垄断利润将长期存在。

但是，垄断企业是不可能任意地抬高价格的，因为，任何商品都会有一些替代品，如果电费使人负担不起的话，恐怕人们还会用蜡烛来照明。所以，较高的价格必然抑制一部分人的消费，从而使需求量降低，不一定能给企业带来最大的利润。

垄断企业成为价格的决定者，也并不意味着垄断企业产品的价格单一。有时候，垄断企业要面对需求状况变动不同的数个消费群体，必须分情况制定出有区别的价格来。对需求价格弹性较大的可采用低价策略，对需求价格弹性较小的可采用高价策略，以便获得较理想的收益。

理论上纯粹的完全垄断市场必须同时满足以下三个条件：（1）市场上只有一家企业；（2）该企业的产品不存在相近的替代品；（3）进入该市场存在着障碍。现实中真正满足这三个条件的市场几乎是没有的，因为人的欲望是无止境的，他们总能找到各种替代品。

然而，要打破垄断绝非轻而易举。通常，完全垄断市场有三座护卫"碉堡"，其一是垄断企业具有规模经济优势，也就是在生产技术水平不变的情况下，垄断企业能打败其他企业，靠的是生产规模大，产量高，从而总平均成本较低的优势。其二是垄断企业控制某种资源。像美国可口可乐公司就是长期控制了制造该饮料的配料而独霸世界的，南非的德比公司也是因为控制了世界约85%的钻石供应而形成垄断的。其三是垄断企业具有法律庇护。例如，许多国家政府对铁路、邮政、供电、供水等公用事业都实行完全垄断，对某些产品的商标、专利权等也会在一定时期内给予法律保护，从而使之形成完全垄断。

通常认为，完全垄断对经济是不利的。因为它会使资源无法自由流通，引起资源浪费，而且消费者由于商品定价过高而得不到实惠。"孤家寡人"的存在也不利于创造性的发挥，有可能阻碍技术进步。可是话又说回来，这些垄断企业具有雄厚的资金和人力，正是开发高科技新产品必不可少的条件。另外，由政府垄断的某些公用事业，虽免不了因官僚主义而效率低下，并不以追求垄断利润为目的，对全社会还是有好处的。

# 寡头垄断：少数人供给大部分产品

所谓寡头垄断，是垄断的一种，它是指在一个市场上有少数几家企业供给产品，它们各占较大份额，彼此通过协定或默契制定价格。这些企业被称为寡头，所以这种垄断也就叫寡头垄断。

寡头市场是指少数几家厂商控制整个市场的产品的生产和销售的这样一种市场组织。在这种市场上，几家厂商的产量在该行业的总供给中占了很大的比例，每家厂商的产量都占有相当大的份额，从而每家厂商对整个行业的价格和产量都有举足轻重的影响。他们之间又存在不同形式的竞争。

寡头垄断市场在经济中占有十分重要的地位，这一方面由于进入这些行业所需的资金十分巨大；另一方面是已有的寡头要运用各种方法阻止其他厂商的进入。

雷克公司是一个昙花一现的航空公司，它的知名度却不低。1977年，一个冒失的英国人弗雷迪·雷克闯进航空运输市场，开办了一家名为雷克的航空公司。他经营的是从伦敦飞往纽约的航班，票价是135美元，远远低于当时的最低票价382美元。毫无疑问，雷克公司一成立便生意不断，1978年雷克荣获大英帝国爵士头衔。到1981年"弗雷迪爵士"的年营业额达到5亿美元，简直让他的对手们（包括一些世界知名的老牌公司）气急败坏。但是好景不长，雷克公司于1982年破产，从此消失。

出了什么事？原因很简单，包括泛美、环球、英航和其他公司在内的竞争对手们采取联合行动，一致大幅降低票价，甚至低于雷克。

一旦雷克消失，他们的票价马上回升到原来的高水平。更严重的是这些公司还达成协议，运用各自的影响力阻止各大金融机构向雷克公司贷款，使其难以筹措借以抗争的资金，进一步加速雷克公司的破产。

在现实当中，寡头垄断常见于重工业部门，比如汽车、钢铁、造船、石化，以及我们正在谈论的飞机制造等部门。这些行业的突出特点就是"两大一高"——大规模投入、大规模生产、高科技支撑。这些苛刻的条件使得一般的厂商根本难以进入，再有钱的老板在这些行业门口一站，马上就会发现自己做的只不过是"小本生意"。而且，那些已经历长期发展（动辄几十、上百年）、具备垄断地位的"巨无霸"企业，为了保持对技术的垄断和丰厚的利益，也势必采取种种高压手段打击竞争对手，绝不允许任何后来者与自己分享这一市场。这是现实，也是一种市场竞争的必然。

形成寡头市场的主要原因有：某些产品的生产必须在相当大的生产规模上进行才能达到最好的经济效益；行业中几家企业对生产所需的基本生产资源的供给的控制；政府的扶植和支持；等等。由此可见，寡头市场的成因和垄断市场是很相似的，只是在程度上有所差别而已。寡头市场是比较接近垄断市场的一种市场组织。

寡头行业可按不同方式分类。根据产品特征，可分为纯粹寡头行业和差别寡头行业两类。还可按厂商的行动方式分为有勾结行为的（即合作的）和独立行动的（即不合作的）不同类型。

寡头厂商的价格和产量的决定是非常复杂的问题。主要原因在于：在寡头市场上，每个寡头的产量都在全行业的总产量中占较大份额，从而每个厂商的产量和价格的变动都会对其他竞争对手以至整个行业的产量和价格产生举足轻重的影响。从而每个寡头厂商在采取某项行动之前，必须首先推测或掌握自己这一行动对其他厂商的影响以及其他厂商可能作出的反应，考虑到这些因素之后，才能采取最有利的行动。所以每个寡头厂商的利润都要受到行业中所有厂商的决策的相互作用的影响。一般而言，不知道竞争对手的反应方式，就无法建立寡头厂商的模型。或者说，有多少关于竞争对手的反应方式的假定，就有多少寡头厂商的模型，就可以得到多少不同的结果。因此在西方经济学中，没有一种寡头市场模型能对寡头市场的价格产量的决定作出一般的理论总结。

欧佩克就是一种寡头垄断形式。在欧佩克诸成员国中，沙特阿拉伯是最大的或最有影响的一个。它的产量一般占欧佩克总产量的1/3，储油量也占欧佩克总储量的40%。通常是由沙特阿拉伯先制定价格或与其他成员协商后制定价格，其他成员则遵照执行，即使石油销路不好时，他们也宁可减少产量也不愿降价，以免引起彼此的纷争，造成两败俱伤。这种寡头垄断或许可称之为价格领袖式寡头垄断。

"冰冻三尺，非一日之寒"，寡头市场有着长期发展所形成的优势，也有着明显的劣势。总体来说，就经济效益而言，由于长期以来寡头市场的市场价格高于边际成本，企业利润有着稳定、可靠的保障，加之缺乏竞争者的加入，因此寡头企业在生产经营上要缺乏积极性，这会导致其效率降低。但是从另一方面看，由于寡头企业规模较大，往往便于大量使用先进技术，所以又有效率较高的一面。有鉴于此，许多国家都在试图"扬长避短"，在发挥其高效率一面的同时，制定相应政策法规抑制其低效的一面（比如保护与寡头企业密切关联的其他中小企业的权利，打击垄断等），从而促进寡头市场的竞争。

# 兼并：企业"乘法"式的高速成长

企业兼并在当今已经屡见不鲜。当优势企业兼并了劣势企业，后者的资源便可以向前者集中，这样一来就会提高资源的利用率，优化产业结构，进而显著提高企业规模、经济效益和市场竞争力。

对于一个国家而言，企业兼并有利于其调整产业结构，在宏观上提高资源的利用效率。对兼并的研究，一直是经济学家的重点课题。不过，在此需要指出，人们提起兼并的时候，往往会把这样几个词混淆："兼并""合并""收购"。

它们的共同点在于：这三种行为都是企业产权的有偿转让，即都是企业的买卖，都是企业为了谋求发展而采取的外部扩张措施。但具体来说，合并是指两家以上的公司归并为一个公司。兼并是指把其他企业并入本企业里，被兼并的企业将失去法人资格或改变法人实体。收购在操作程序上与合并相比要相对简单，只要收购到目标公司一定比例的股权，进行董事会、监事会改组就可以达到目的。因此，一般情况下，可以这样认为：收购是兼并中的一种形式，即控股式兼并，兼并又包含在广义的合并概念中，它是合并中的一种形式，即吸收合并。

企业兼并的主要形式有：

购买兼并，即兼并方通过对被兼并方所有债权债务的清理和清产核资，协商作价，支付产权转让费，取得被兼并方的产权；

接收兼并，这种兼并方式是以兼并方承担被兼并方的所有债权、债务、人员安排以及退休人员的工资等为代价，全面接收被兼并企业，取得对被兼并方资产的产权；

控股兼并，即两个或两个以上的企业在共同的生产经营过程中，某一企业以其在股份比例上的优势，吸收其他企业的股份份额形成事实上的控制关系，从而达到兼并的目的；

行政合并，即通过国家行政干预将经营不善、亏损严重的企业，划归为本系统内或行政地域管辖内最有经营优势的企业，不过这种兼并形式不具备严格法律意义上的企业兼并。

企业兼并，是企业经营管理体制改革的重大进展，对促进企业加强经营管理、提高经济效益、有效配置社会资源具有重要意义。当今世界上，任何一个发达国家在其经济发展过程中，都经历过多次企业兼并的浪潮。以美国为例，在历史上就曾发生过 5 次大规模企业兼并。其中发生于 19 世纪末 20 世纪初的第一次兼并浪潮便充分发挥了优化资源配置，在微观上和宏观上"双管齐下"的巨大威力，不仅使得企业走上了腾飞之路，更是基本塑造了美国现代工业的结构雏形。

当今世界航空制造业排行第一的美国波音公司有过多次兼并其他企业的案例，其中最著名的就是兼并美国麦道公司。在 1996 年，"麦道"在航空制造业排行世界第三，仅次于"波音"和欧洲的"空中客车"。该年"波音"以 130 亿美元的巨资兼并"麦道"，使得世界航空制造业由原来"波音""麦道"和"空中客车"三家共同垄断的局面，变为"波音"和"空中客车"两家之间的超级竞争。新的波音公司在资源、研究与开发等方面的实力急剧膨胀，其资产总额达 500 多亿美元，员工总数达 20 万人，成为世界上最大的民用和军用飞机制造企业。这对于"空中客车"来说构成了极为严重的威胁，以至于两家公司发生了激烈的争执。在经过艰苦的协商、谈判后，波音公司最终被迫放弃了已经和美国几十家航空公司签订的垄断性供货合同，以换取欧洲人对这一超级兼并的认可。但是不管怎样，前无古人的空中"巨无霸"由此诞生，并对世界航空业产生了巨大影响。

由于兼并涉及两家以上企业的合组，其操作将是一个非常复杂的系统工程。成功的企业兼并要符合这样几个基本原则："合法""合理""可操作性强""产业导向正确"以及"产品具有竞争能力"。同时，企业兼并要处理好"沟通"环节，包括企业之间技术的沟通，以及人与人的交流。只有这样，才能使企业兼并发挥它的优势，否则将会适得其反，在未能达到兼并目的的同时反受其害。有统计表明，全球一半以上的企业兼并行为都没有达到预期的目标——从表面上看，企业规模是增加了，但没有创造出经济效益，更有甚者，因为兼并使得企业失去了市场竞争力。

产业经营是做"加法"，企业兼并是做"乘法"。很多企业家看到了"乘法"的高速成长，却忽视其隐藏的巨大风险，现实中有太多在产业界长袖善舞的企业家最后在资本运营中折戟沉沙。

以互联网为例，在 20 世纪 90 年代初期，网民的计算机上同时使用着两种浏览器：一种是微软的 Explore，另一种则是美国网景公司的 Netscape。微软凭借强有力的竞争措施逐渐在浏览器市场上占据了优势地位，网景处于相对的弱势地位。

1998 年，美国在线（AOL）以 42 亿美元的价格收购了 Netscape。当时，Netscape 在微软所提供的免费浏览器面前已经显得非常渺小，但美国在线对其前景颇为看好。在他们看来，依靠美国在线的雄厚财力和技术优势，可以使得 Netscape 重新焕发活力，成为与微软竞争的对手。然而，无情的事实证明这是一项失败的兼并。首先，该次合并在一开始就受到很多人的质疑，认为两个公司在程序设计上，技术差异太大，难以兼容；最后，美国在线急于求成，于 2000 年直接跳过 Netscape5，推出基于一项新技术——Mozilla0.6 原始码的 Netscape6。但是，由于 Mozilla0.6 一时并不稳定，结果 Netscape6 进一步失去了自己原有的用户。这两大失误使得美国在线不得不于 2008 年 3 月 1 日起，停止开发网景浏览器，作为一款曾经改变互联网、有着辉煌历史的浏览器，Netscape 彻底退出了历史舞台。

# 垄断竞争：保暖内衣市场何以"冰火两重天"

　　垄断竞争市场是一种处在完全竞争和完全垄断之间的，既有垄断又有竞争的市场结构。引起垄断竞争的基本条件是产品差别的存在，它是指同一种产品在质量、包装、牌号、配方或销售条件等方面的差别。一种产品不仅要满足人们的实际生活需要，还要满足人们的心理需要。于是，每一种有差别的产品都可以以自己的产品特点在一部分消费者中形成垄断地位。

　　但是产品差别是同一种产品的差别，这样各种有差别的产品之间又存在替代性，就引起了这些产品之间的竞争。

　　因此，竞争分纯粹竞争和垄断竞争两种。在纯粹竞争中，大量的小卖主向同一市场供应同类产品，其中无一人能影响市场价格，而必须接受由所有卖主提供产品的总供给量和所有买主对产品的总需求量所决定的市场价格。各个卖主都趋向于按现时市场价格将其产品调整到能够给他带来最大利润的那种数量，而不致发生市场价格的变动，但所有卖主如此调整的结果，使得总供给量发生变化，因而市场价格随之上升或下降。当经营者供应不同类的产品，即存在产品差异时，则发生垄断竞争。

　　20世纪80年代，可口可乐与百事可乐之间竞争十分激烈。可口可乐为了赢得竞争，对20万13~59岁的消费者进行调查，结果表明，55%的被调查者认为可口可乐不够甜。本来不够甜加点糖就可以了，但可口可乐公司花了两年时间耗资4000万美元，研制出了一种新的更科学、更合理的配方。1985年5月1日，董事长戈苏塔发布消息说，可口可乐将中止使用99年历史的老配方，代之而起的是"新可口可乐"；当时记者招待会上约有 200 家报纸、杂志和电视台的记者，大家对新的可口可乐并不看好。

24 小时后，消费者的反应果然印证了记者们的猜测。很多电话打到可口可乐公司，也有很多信件寄到可口可乐公司，人们纷纷表示对这一改动的愤怒，认为它大大伤害了消费者对可口可乐的忠诚和感情。旧金山还成立了一个"全国可口可乐饮户协会"，举行了抗议新可口可乐活动，还有一些人倒卖老可口可乐以获利，更有人扬言要改喝茶水。

此时百事可乐火上浇油。百事可乐总裁斯蒂文在报上公开发表了一封致可口可乐的信，声称可口可乐这一行动表明，声称可口可乐公司正从市场上撤回产品，并改变配方，使其更像百事可乐公司的产品。这是百事可乐的胜利，为庆祝这一胜利，百事可乐公司放假一天。

面对这种形势，1985 年 7 月 11 日，可口可乐公司董事长戈苏塔不得不宣布：恢复可口可乐本来面目，更名"古典可口可乐"，并在商标上特别注明"原配方"。与此同时，新配方的可口可乐继续生产。消息传开，可口可乐的股票一下子就飙升了

这个案例说明，老的可口可乐已在部分消费者中形成了垄断地位，哪怕可口可乐公司总裁也不能动摇这种地位。与此同时，案例说明在可口可乐、百事可乐、矿泉水以及茶水等饮料之间还是存在竞争的。这种市场就是垄断竞争市场。

垄断竞争市场与完全竞争市场相比，价格、平均成本要高，产量要少，表明资源的利用程度要低。但因为它的产品有差别，可以满足不同消费者的需要。而且因为厂商规模更大，有利于创新。

垄断竞争市场与完全竞争市场相比，价格和平均成本要低，产量要多，说明资源的利用程度要高。而且因为存在竞争，也有利于创新。但是销售成本有所增加。

1996 年，俞兆林先生发明了导湿保暖复合绒，并将这一发明利用在内衣上，从此服饰领域多了"保暖内衣"这一新概念。"保暖内衣"这个服装领域的新宠物，一时间成为了人们谈论冬季保暖话题的流行词。1999 年更是成为市场追捧的对象，各种保暖内衣市场可谓炙手可

热、尽占春色。于是乎，这一新生行业由1999年只有几十家的基础上，在2000年猛增至500家，总销量由1999年的不足700万套，2000年度上升至3000多万套！甚至是鱼龙混杂、泥沙俱下。同时，伴随激烈竞争而推出的各种行销手段更是层出不穷。有报道说："南极人"送袜，"南极棉"送被，"白熊"最低价，"俞兆林"买两套送一套、买一套送单件、买单件送手套，等等；各种广告宣传更是充斥大街小巷、报端电视。而当行业内厂商激战正酣，市场上消费者、行业管理人士的反应又怎样呢？根据市场调查发现，尽管价格较1999已有明显下降，但2000年度市场反映仍十分冷淡，1999年度那种排长队提货的情景没有了，产品专卖区更是十分萧条，有营业员说，与1999年的火爆场面相比，这里常常是数十分钟无人光顾。

保暖内衣何以面对如此"冰火两重天"的景象呢？这是因为保暖内衣从产品开发到市场化经历了从垄断到垄断竞争的市场结构变化过程。首先是行业的垄断利润使得其他厂商有了进入该行业的动力，同时各厂商为了有效地进入和占有应有的市场份额，除了采取"价格战"以外，他们通过宣传各种保暖新概念，来加强自己的品牌优势以确立其市场竞争地位。

中国保暖内衣市场形成过程经历了两个阶段。首先，各厂商通过价格和非价格竞争来争取一个较大的市场份额和垄断利润；最后，垄断超额利润的存在使得新厂商的进入成为可能，使得垄断利润逐渐消失。特别是当保暖技术不再成为行业进入的主要障碍时，大量差异产品充斥市场，使得行业生产规模超出市场需求，表现在单个厂商身上则是市场的萎缩。

总结来说，产品差别是垄断竞争市场的本质特征。而这些差别有可能来自各个方面，因此，消费者在享受产品差别所带来的多样化的同时，不得不提防虚假差异甚至是伪劣产品所带来的侵害。这样，一个垄断竞争市场的形成必然需要一个严格的市场管理，要有一个严格的行业标准来规范市场，以防不法厂商借制造假差异来垄断市场，从而危害消费者利益。

## 价格联盟：鼠盟为何变成一纸空文

价格联盟是指两个或两个以上具有竞争关系的经营者，以合同、协议或其他方式，共同商定商品或服务价格，以限制市场竞争，牟取超额利润所实施的垄断联合。价格联盟的明显特征是：它是两个或两个以上的经营者自愿采取的联合行动；是处于同一经营层次或环节上的竞争者之间的联合行动；联合行动是通过合同、协议或其他方式进行的；协议的内容是固定价格或限定价格；其共同目的是通过限制竞争以获取高额利润。

价格联盟一词对于我们而言并不陌生。早在几年前，国内9大彩电企业结盟深圳，以同行议价形式共同提高彩电零售价格，并迫使彩管供应商降价。以钢铁、彩电为发端，其后又有空调联盟、民航机票价格联盟、电脑价格联盟，近一些的还有券商们的佣金价格联盟，等等，一时间甚嚣尘上。然而，这些价格同盟无一例外摆脱不了短命而亡的宿命。

由于行业协会制定的是行业自律价格，其实没有强制效力，行业协会也不可能对"违反"自律价格的商家进行处罚，因此这个自律价格其实只是一个空架子，没有什么实际意义。在利益面前，这种基于行业压力及商家道德的"盟誓"究竟有着多少约束力可想而知。

价格联盟被称为"卡特尔"，任何价格卡特尔一经形成必然走向它的反面。联盟一经形成，价格便富有极大的弹性，只要其中的某一个成员降低价格，必将从中获利。为追逐利益，联盟成员之间的价格争斗不可避免，这就必然导致卡特尔机制的瓦解。

即使价格联盟在短期内取得一定收效，缓解了联盟企业的燃眉之急，但其潜在和长期的危害不可忽视。首先，制约了企业竞争，自由竞争是市场经济的基本属性，离开了竞争，市场就成为死水一潭。由于不同企业经营成本不同，却执行相同的价格，形成大家平均瓜分市场份额的局面，无形中保护了落后，鼓励不思进取，严重挫伤了企业发展的积极性；最后，损害了消费者的知情权和选择权，伤害了消费者的利益，并且不利于培养消费者成熟的消费理念。俗话说，没有成熟的消费者就不会有成熟的市场，因此，最终结果还是赘及整个行业的长期发展。

在拉封丹的寓言《鼠盟》里，有一只自称"既不怕公猫也不怕母猫，既不怕牙咬也不怕爪挠"的鼠爷，在它的带领下，老鼠们签订协议，组成了对抗老猫联盟，去救一只小耗子。结果，面对老猫，"首鼠两端不敢再大吵大闹，个个望风而逃，躲进洞里把小命保，谁要不知趣，当心老雄猫"。鼠盟就这样瓦解了，协议变成了一纸空文。

寓言故事中使鼠盟难以形成的原因是猫的强大无比；使价格同盟难以实现的原因是市场供求力量强大无比，不可抗拒。在市场经济中，决定价格的最基本因素是供求关系。供小于求，价格上升；供大于求，价格下降，这是什么力量也抗拒不了的。在不完全竞争的市场（垄断竞争、寡头、垄断）上，企业只能通过控制供给来影响价格，想把自己硬性决定的价格强加给市场是行不通的。在汽车、民航这类寡头市场上，每个企业所考虑的只能是自己的短期利益，而不是整个行业的长期利益，因此，当整个行业供大于求时，不要寄希望于每个企业减少产量来维持一定的价格。

国内企业各种各样的"联盟"声不绝于耳，并且屡战屡败，而后又屡败屡战，很多企业乐此不疲。企业搞联盟是想在市场的海洋中寻求一个救生圈，结果则不然，每次联盟均告失败的事实说明：这种被不少企业看作制胜"法宝"的价格联盟是靠不住的。

我国如今的经济时代好像成了"联盟时代"，在种种共同利益的驱动下，一些企业动不动就扛起"联盟"大旗，或是价格的抬价压价、或是限产保价、或是联合起来一致对外。仔细分析，这些企业联盟形式大致逃脱不了两种模式。一是企业之间自愿建立的松散联盟；二是主管部门主导、企业参加的联盟。

早在18世纪初，亚当·斯密就说过这样一句话："同业中的人即使为了娱乐和消遣也很少聚在一起，但他们的对话通常不是导致对付公众的阴谋，便是抬高价格的计划。"事实也一再证明，这种非寡头垄断同盟缺乏有效的约束机制，具有相当的不确定性。

其实，企业之间的竞争还可进行一些非价格的竞争，如企业在提高产品质量、增加技术含量上下功夫，向品牌、技术竞争过渡；优势企业兼并劣势企业；劣势企业主动从行业中退出；再就是从国际市场上寻找出路。因此，中国的企业家们应该尽快地从联盟的阴影中走出来，以一种更加成熟的心态去谋求发展。

在激烈的市场竞争中有立足之地，完全不必去组织什么价格联盟，不如革新技术，提升自己的市场竞争力。

# 第七章

## 税　收

# 税率：课税的尺度

公元前119年，汉武帝时颁布算缗令。所谓算缗，就是征收商人和手工业者的财产税，以及车、船税。由于他们隐匿或虚报，公元前114年汉武帝又发布"告缗令"，奖励告发逃避算缗的富人，主要是商贾，给予告发者应征缗钱之半。

在杨可主持下，告缗之风遍及全国。告缗运动使缗钱税的性质发生变化，一是课税范围由原先以现钱和车船为主扩大到包括田宅、畜产、奴婢在内的一切财产，将全部财产均按一定价格折合成现钱以充作纳税基数。二是课税对象由初时"只为商贾居货者设"，扩大到"凡民有蓄积者，皆为有司所隐度矣，不但商贾末作也"。

《汉书·食货志下》记载，告缗运动使"中家以上大抵皆遇告……得民财物以亿计，奴婢以千万数，田大县数百顷，小县百余顷，宅亦如之。于是商贾中家以上大抵破"。虽增加了政府的收入，打击了大商人，但也阻碍了私营工商业的发展。

告缗制度延续近十年，直到国家财政有明显好转，才停止执行。

税率是税额与课税对象之间的数量关系或比例关系，是指课税的尺度。我国现行税率可分三种：比例税率、定额税率和累进税率。

税率是对课税对象和计税依据的征收比例和征收额度。税率表现为税额占课税对象的比例。税率是税法的核心要素，是计算应纳税额的尺度，体现税收负担的深度，是税制建设的中心环节。在课税对象和税基既定的条件下，税率的高低直接关系到国家财政收入和纳税人的负担；关系到国家、集体、个人三者的经济利益。税率的高低和税率形式的运用，是国家经济政策和税收政策的体现，是发挥税收经济杠杆作用的关键。税率的种类一般可分为比例税率、定额税率、累进税率3种基本形式。此外，有一些在特定条件下使用的零税率、负税率、累退税率、差额税率等。

我国现行税率大致可分为以下3种：

1. 比例税率：实行比例税率，对同一征税对象不论数额大小，都按同一比例征税。比例税率的优点表现在：同一课税对象的不同纳税人税收负担相同，能够鼓励先进，鞭策落后，有利于公平竞争；计算简便，有利于税收的征收管理。但是，比例税率不能体现能力大者多征、能力小者少征的原则。比例税率在具体运用上可分为以下几种：

（1）行业比例税率：即按不同行业规定不同的税率，同一行业采用同一税率；

（2）产品比例税率：即对不同产品规定不同税率，同一产品采用同一税率；

（3）地区差别比例税率：即对不同地区实行不同税率；

（4）幅度比例税率：即中央只规定一个幅度税率，各地可在此幅度内，根据本地区实际情况，选择、确定一个比例作为本地适用税率。

2. 定额税率：定额税率是税率的一种特殊形式。它不是按照课税对象规定征收比例，而是按照征税对象的计量单位规定固定税额，所以又称为固定税额，一般适用于从量计征的税种。定额税率的优点是：从量计征，不是从价计征，有利于鼓励纳税人提高产品质量和改进包装，计算简便。但是，由于税额的规定同价格的变化情况脱离，在价格提高时，不能使国家财政收入随国民收入的增长而同步增长，在价格下降时，则会限制纳税人的生产经营积极性。在具体运用上又分为以下几种：

（1）地区差别税额：即为了照顾不同地区的自然资源、生产水平和盈利水平的差别，根据各地区经济发展的不同情况分别制定的不同税额；

（2）幅度税额：即中央只规定一个税额幅度，由各地根据本地区实际情况，在中央规定的幅度内，确定一个执行数额；

（3）分类分级税额：把课税对象划分为若干个类别和等级，对各类各级由低到高规定相应的税额，等级高的税额高，等级低的税额低，具有累进税的性质。

3．累进税率：累进税率指按征税对象数额的大小，划分若干等级，每个等级由低到高规定相应的税率，征税对象数额越大税率越高，数额越小税率越低。累进税率因计算方法和依据的不同，又分以下几种：

（1）全额累进税率：即对征税对象的金额按照与之相适应等级的税率计算税额，在征税对象提高到一个级距时，对征税对象金额都按高一级的税率征税；

（2）全率累进税率：它与全额累进税率的原理相同，只是税率累进的依据不同，全额累进税率的依据是征税对象的数额，而全率累进税率的依据是征税对象的某种比率，如销售利润率、资金利润率等；

（3）超额累进税率：即把征税对象按数额大小划分为若干等级，每个等级由低到高规定相应的税率，每个等级分别按该级的税率计税；

（4）超率累进税率：它与超额累进税率的原理相同，只是税率累进的依据不是征税对象的数额而是征税对象的某种比率。

在以上几种不同形式的税率中，全额累进税率和全率累进税率的优点是计算简便，但在两个级距的临界点税负不合理。超额累进税率和超率累进税率的计算比较复杂，但累进程度缓和，税收负担较为合理。

# 累进税：收入越高交税越多

　　税收的一个重要功能就是调节收入差距。其原则是从富人那里多征一点，用于帮助低收入阶层的教育、医疗、市内交通等开支。一般所采取的办法是累进税。即按照课税对象数额的大小，规定不同等级的税率。课税对象数额越大，税率越高；课税对象数额越小，税率越低。通俗地讲，就是谁收入越高，谁交的税就越多。比如，王先生和李先生是某公司的职员，王先生是普通销售员，每月实发工资3500元。李先生是销售经理，每月实发工资5000元。李先生就要比王先生多交个人所得税。

　　累进税率的形式有全额累进税率和超额累进税率。

　　1. 全额累进税率简称全累税率，即征税对象的全部数量都按其相应等级的累进税率计算征税率。金额累进税率实际上是按照征税对象数额大小、分等级规定的一种差别比例税率，它的名义税率与实际税率一般相等。

　　全额累进税率在调节收入方面，较之比例税率要合理。但是采用全额累进税率，在两个级距的临界部位会出现税负增加不合理的情况。例如，某甲年收入1000元，适用税率5%；某乙年收入1001元，适用税率10%。甲应纳税额为50元，乙应纳税额为100.1元。虽然，乙取得的收入只比甲多1元，而要比甲多纳税50元，税负极不合理。这个问题，要用超额累进税率来解决。

　　2. 超额累进税率。超额累进税率简称超累税率，是把征税对象的数额划分为若干等级；对每个等级部分的数额分别规定相应税率，分别计算税额，各级税额之和为应纳税额，超累税率的"超"字，是指征税对象数额超过某一等级时，仅就超过部分，按高一级税率计算征税。见下表：

### 五级超额累进税率速算表

| 级数 | 所得额级距 | 税率% | 速算扣除数 |
|---|---|---|---|
| 1 | 所得额在 1000 元以下（合 1000 元） | 5 | 0 |
| 2 | 所得额在 1000～2000 元部分 | 10 | 50 |
| 3 | 所得额在 2000～3000 元部分 | 15 | 150 |
| 4 | 所得额在 3000～4000 元部分 | 20 | 300 |
| 5 | 所得额在 4000～5000 元部分 | 25 | 500 |

采用超累税率的税额可依照超累税率的定义计算，如计算所得额为 2500 元的应纳税额。

①1000 元适用税率 5%：

税额 = 1000 元 × 5% = 50 元

②1000—2000 元部分适用税率 10%：

税额 =（2000 - 1000）× 10% = 100 元

③2000 - 3000 元部分适用税率 15%，2500 元处于本级：

税额 =（2500 - 2000）× 15% = 75 元

应纳税额 = 50 元 + 100 元 + 75 元 = 225 元

但依照定义计算的方法过于复杂，特别是征税对象数额越大时，适用税率越多，计算越复杂，给实际操作带来困难。

因此，在实际中，采用速算扣除数法。

应纳税额 = 用全额累进方法计算的税额 - 速算扣除数

公式中全方法计算时采用的税率即是征税对象全额在超累税率表所处等级的税率。

这种计算方法的出发点，是全额累进税率的计算方法简单。按全额累进方法计算的税额，比超额累进方法计算的税额要多一定的数额，这个多征的数是常数，就是速算扣除数。

计算所得额为 2500 元时的应纳税额。

用全额累计法计算的税额为：

2500×15%=375 元

用超额累进法计算的税额为：225 元

速算扣除数为：

375 元 – 225 元 = 150 元

用速算扣除数法计算的超额累进税额为：

25000 元 ×15% – 150 元 = 225 元

一般认为，税收是调节社会收入分配的重要手段。中国社科院金融研究所的易宪容研究员认为之所以会在短时间内出现众多巨富，关键在于由于种种原因，社会民众的大量财富被轻易地转移到少数人手中，易宪容将其称之为"掠夺式经济"。以房地产业为例，开发商往往借助权力以低价从普通市民或农民手中占得土地，"开发"了之后再以超高的价格卖给消费者，房地产业就是通过这种掠夺式的方式发展起来并让整个社会财富聚集到少数人手中的。

那么，从经济学的角度看，对富人征收"累进税"应不应该呢？完全应该。经济学上有一条税收原理叫"支付能力原则"。这一原则认为，人们纳税的多少应该与他们的收入、财富或支付税收的能力相关联，其目的在于符合那种社会、是合适的和公正的收入分配。简单点说，当一个社会的基尼系数突破了 0.4 的警戒线时，这种分配格局就被认为是"不合适和不公正"的，政府就应该加大对富人的税收征管力度，以调节分配差距。

需要强调的是，对富人征收"累进税"，并非对他们不公平。因为即便是不考虑掠夺的因素，富人之所以富，也是包括穷人在内的全社会给予了合作的结果，并不见得就是因为他们多么能干。"带血的煤"和煤炭富翁们的豪宅之间的内在联系，不是一目了然吗？哪怕是在那些普通的公司里，白领、蓝领们的兢兢业业、加班加点，不也是老板们财源广进的基本前提吗？所以，富人有义务多交一点税，然后由国家通过各种社会保障制度转移给穷人。此外，从长远的角度看，如果贫富差距能够被有效抑制，社会稳定得到了保证，富人将成为他们所交纳的"累进税"的最大受益者，因为他们避免了在社会失序的情况下被清算的命运。

　　总之，在中国目前的情况下，通过征收"累进税"来调节贫富差距是合理的，同时是非常温和的社会政策，其社会后果是真正意义上的"帕累托改进"，即所有的社会阶层将从这一措施中受益。

### 增值税：我国最大的税种

四川新一康公司从事药品经营业务，具有医疗器械、药品及保健品的零售、批发和进出口经营权。从2005年至2006年，为了获取不法利益，该公司利用所取得的经营药品资质和增值税一般纳税人资格，在无真实货物交易的情况下，以"管理费"名义按照开票金额的4%至8%收取开票费，向多家单位虚开增值税专用发票，虚开税款500万余元，受票单位拿着这些发票向所在地的税务机关申报抵扣税款。

为他人虚开高额的增值税发票，不管买卖是否虚构，开出的票却是真实的，据此，新一康公司就应按开票额的17.5%缴纳税金。他们在无真实货物交易的情况下，以支付面额4%开票费为条件，从别处为新一康公司虚开了上海、深圳、天津海关的海关票。新一康公司财务部门负责人堂而皇之地将上述取得的海关票，向税务局申报抵扣了海关票的进项税款3187万余元。

为他人虚开增值税发票，向他人购买虚开的海关票以抵扣税款，都是虚的，并无实际交易，然而就在这以虚对虚的一进一出中，新一康的"商机"就出现了。公司收开票费约6%，支付进项票4%，中间的差额就成为了公司的利润来源。

当然，这种行为最终受到法律的严惩。

要了解税务的有关情况，就必须首先了解增值税。因为增值税不仅是我国的第一大税种，更是和我们的生活息息相关。

增值税是以增值额为课税对象，对我国境内销售货物或者提供加工修理修配劳务及进口货物征收的一种税。按照劳动价值论，增值额就是人类通过劳动新创造的价值额。通俗来说，增值额是企业和个人从事生产经营，或者提供劳务新创造的价值额。

增值税于 1954 年产生于法国，它是法国为适应经济发展和财政需要，对原来征收的营业税加以改进演变而来的。原来法国的营业税制和世界各国传统的流转税制一样，是按照每个生产经营者的生产经营销售收入全额征税的，其他多环节阶梯课税特征。

举个例子，一件衬衣的税收的营业税税率为 5%，生产环节的销售收入为 60 元，应纳税额为 $60 \times 5\% = 3$ 元；批发环节销售收入为 80 元，应纳税额为 $80 \times 5\% = 4$ 元；零售环节销售收入为 100 元，应纳税额为 $100 \times 5\% = 5$ 元。则衬衣的整体税负在生产、批发、零售三个环节分别为 5%、8.75%、12%，呈阶梯式的递增。

传统流转税的这种课税制与现代化大生产和财政需要相矛盾，严重阻碍了专业化协作生产经营。法国政府对营业税制进行改革，并逐步演变为现代的增值税制。而现代的增值税制，可以克服传统流转税的弊端。仍以上例说明，生产环节的增值额为 60 元，应纳税额为 $60 \times 5\% = 3$ 元；批发环节增值额为 $80 - 60 = 20$ 元，应纳税额为 $20 \times 5\% = 1$ 元；零售环节增值额为 $100 - 80 = 20$ 元，应纳税额为 $20 \times 5\% = 1$ 元。则衬衣的整体税负为 5 元，各个环节的税负之和等于整体税负。

同是一件商品，不论生产经营环节增加或减少，只要其最后售价相同，其整体税负必然相等，这样税收收入就不受生产经营环节变化的影响而保持稳定，并有利于专业化协作生产经营。

从理论上来说，增值税是对商品和服务的增值部分所征的税。但是在现实的经济运行中，商品和服务的增值部分往往是难以计算的，如果我们没有一种简便的增值税的征收办法，增值税就不可能真正地推行开来。那么在现实中，政府是如何简便而有效地征收增值税呢？这就必须先了解一下进项税额和销项税额。进项税额的计算公式为：

进项税额 = 所购货物或应税劳务的买价 × 税率

而销项税额的计算公式为：

销项税额＝销售额×税率

对于一般纳税人，其应纳增值税税额为当期销项税额减去当期进项税额。用公式表示为：

当期应纳税额＝当期销项税额－当期进项税额

我们举一个简单的例子。比如汽车厂商 A 决定向钢材厂商 B 购买 1000 吨优质钢材，用以生产汽车底盘。B 厂的优质钢材出厂价为每吨 3000 元，那么这 1000 吨优质钢材的出厂价总共为 300 万元。但是 A 若是想取得这一批钢材，必须向 B 支付 351 万元，其中 300 万元为销售额，51 万元（300×17%）为增值税税额。对 A 厂来说，这 51 万元为进项税额；对 B 厂来说，这 51 万元为销项税额。

假设 A 销售汽车 100 台，总销售额为 1000 万元，其向顾客收取的价款为 1170 万元。对 A 来说，这 170 万元就是增值税销项税额，那么 A 应纳的增值税税额为销项税额减去当期进项税额，即 170－51＝119（万元）。

在实际征收过程中，现代增值税制一般是实行"凭发票注明税款扣税法"，不仅简化了征收管理手续，而且形成了各个生产经营环节之间钩稽关系，有效地防止了偷税逃税。

由于增值税上述税收负担的合理性和征收管理上的先进性，在法国取得成功后，各国政府相继仿效，在不到半个世纪的时间里，发展成为一个国际性税种，并且成为我国的第一大税种。

# 所得税：分配财富的利器

公元 8 年，王莽自己登上皇帝宝座，把国号改为"新"，次年改元为"始建国"。

始建国元年，即公元 9 年，王莽开始推行他的经济改革措施，设立了对工商业者的纯经营利润额征收的税种"贡"。《汉书·食货志下》中记载："诸取众物鸟兽鱼鳖百虫于山林水泽及畜牧者，殡妇桑蚕织纺绩补缝，工匠医巫卜视及它方技商贩贾人，货肆列里区谒舍，皆多自占所为于其所在之其官，除其本、计其得，十一分之，而以其一为贡，敢不自占，自占不以实者，尽没入所采取，而作县官一岁。"其大意是凡是从事采集、狩猎、捕捞、畜牧、养蚕、纺织、缝纫、织补、医疗、卜卦算命之人及其他艺人，还有商贾经营者，都要从其经营收入扣除成本，算出纯利，按纯利额的十分之一纳税，自由申报，官吏核实，如有不报或不实者，没收全部收入，并拘捕违犯之人，罚服劳役苦工一年。

从税收制度的构成要素来说，王莽的"贡"已具备所得税的特征，其征税对象为纯盈利额；以从事多种经营活动取得纯收入的人为纳税人；税率为 10%；纳税人自行申报，官吏核实；对违法者有处罚措施。但由于王莽的"贡"征收范围广，征收方法繁，不仅技术操作上不可行，而且引起了人民的群起反抗，到公元 22 年王莽不得不下旨免税，但为时已晚。两年后，王莽便国破身死。但是王莽首创的"无所得税之名，而有所得税之实"的"贡"，其实质就是现今的"所得税"。

所得税又称所得课税、收益税，指国家对法人、自然人和其他经济组织在一定时期内的各种所得征收的一类税收。一般所得税可划分为个人所得税、企业所得税两大类。

"所得"是税收上的一个很重要的概念。由于认识角度的不同，人们对"所得"也有着不同的理解。从经济学的角度来看，所得是指人们在两个时间点之间以货币表示的经济能力的净增加值。因此，所得就应该包括工资、利润、租金、利息等要素所得和赠与、遗产、财产增值等财产所得。

通过所得税的征收，更可影响各方面的利益分配格局，客观上也影响纳税人的行为，从而达到一定的调节目的，导致社会财富的再分配。尤其对社会分配不公、收入相差悬殊的现象，所得税更能扮演财富分配的"利器"的重要角色。

近代以来，征收个人所得税的历史要从民国算起。民国时期，曾开征薪给报酬所得税、证券存款利息所得税。1950年7月，政务院公布的《税政实施要则》中，就曾列举有对个人所得课税的税种，当时定名为"薪给报酬所得税"。但由于我国生产力和人均收入水平低，实行低工资制，虽然设立了税种，却一直没有开征。1980年9月10日由第五届全国人民代表大会第三次会议通过《中华人民共和国个人所得税法》、1980年以后，为了适应我国对内搞活、对外开放的政策，我国才相继制定了《中华人民共和国个人所得税法》《中华人民共和国城乡个体工商业户所得税暂行条例》以及《中华人民共和国个人收入调节税暂行条例》。上述三个税收法规发布实施以后，对于调节个人收入水平、增加国家财政收入、促进对外经济技术合作与交流起到了积极作用，但也暴露出一些问题，主要是按内外个人分设两套税制、税政不统一、税负不够合理。

为了统一税政、公平税负、规范税制，1993年10月31日，八届全国人大常委会四次会议通过了《全国人大常委会关于修改〈中华人民共和国个人所得税法〉的决定》，同日发布了新修改的《中华人民共和国个人所得税法》（简称税法），1994年1月28日国务院配套发布了

《中华人民共和国个人所得税法实施条例》。1999 年 8 月 30 日第九届全国人民代表大会常务委员会第十一次会议决定第二次修正，并于当日公布生效。2007 年 12 月 29 日十届全国人大常委会第三十一次会议表决通过了关于修改个人所得税法的决定。

个人所得税更是与我们的生活紧密相关，我们有必要重点了解一下个人所得税及其征收的办法。个人所得税在名义上一般累进征收，即税率随个人收入增加而递增，低收入者使用低边际税率，而高收入者使用高边际税率；又实行标准扣除和单项扣除，扣除随个人收入增加而递减，低收入者扣除占收入比例高，高收入者扣除占收入比例低。这样通过累进税率和标准扣除，达到累进征收、缩小个人税后收入差距的目的。

根据新个人所得税法，从 2008 年 3 月 1 日起，我国个税免征额将从 1600 元/月上调至 2000 元/月。个人所得税根据不同的征税项目，分别规定了三种不同的税率：

（1）工资、薪金所得，适用 9 级超额累进税率，按月应纳税所得额计算征税。该税率按个人月工资、薪金应税所得额划分级距，最高一级为 45%，最低一级为 5%，共 9 级。

例如小孟 7 月份取得工资收入为 3500 元，那么他应该纳税为：

应纳税所得额 = 3500 − 2000 = 1500（元）

应纳税额 = 500 × 5% +（1500 − 500）× 10% = 125（元）

（2）5 级超额累进税率。适用按年计算、分月预缴税款的个体工商户的生产、经营所得和对企事业单位的承包经营、承租经营的全年应纳税所得额划分级距，最低一级为 5%，最高一级为 35%，共 5 级。

（3）比例税率。对个人的稿酬所得，劳务报酬所得，特许权使用费所得，利息、股息、红利所得，财产租赁所得，财产转让所得，偶然所得和其他所得，按次计算征收个人所得税，适用 20% 的比例税率。其中，对稿酬所得适用 20% 的比例税率，并按应纳税额减征 30%；对劳务报酬所得一次性收入特高的，除按 20% 征税，还可以实行加成征收，以保护合理的收入和限制不合理的收入。

例如王教授出版一部专著，一次性获得稿酬 20000 元，那么他应纳税为：

应纳税所得额 $= 20000 \times (1 - 20\%) = 16000$（元）

应纳税额 $= 16000 \times (1 - 30\%) \times 20\% = 2240$（元）

# 关税：贸易保护的手段

关是古代在交通险要或边境出口的地方设置的守卫处所。在和平时期，关又成为南来北往商贾的必经之地和互市之处，也成了官府征收过往关税（商品通过税）的重要场所。

我国古代关税最早始于西周后期，当时还产生了专门掌管"关门货贿（财物）出入之征"的官吏"司关"。秦始皇统一中国后，统一了法律，《秦律》中专门制定了《关市律》用以规范关税、市税的征管。此后，关税时征时不征。

安史之乱后，财政困乏，唐肃宗下诏开征商税，"于诸道津要，置吏税商货"。即在水陆要道设置关卡征收商品通过税，税率为2%，其中竹木茶漆等，税率为10%。此后，商税便取代了关税。不过，到了明清时期，除征收商税外，户部和工部分别在运河、长江等重要河道设立"户关""工关"征税。"户关税"在明朝时是按船的大小征收的船税，到清朝又增加了正税、商税等。"工关税"是对贩运竹木等征收实物税，用于工部建造和修缮船只。乾隆时，有户关45个、工关15个。

鸦片战争失败后，被迫开放五口通商，设立海关，"关税"成了海关税的专用名词。由此可见，关税的出现远远早于海关机构的出现，在西方关税曾经是一种"保护费"，《德意志意识形态》中说："关税起源于封建主对其领地上的过往客商所征收的捐税，客商交了这种税款可免遭抢劫。后来各城市也征收了这种捐税，在现代国家出现以后，这种捐税便是国库进款的最方便的手段。"现代关税是指进出口商品在经过一国关境时，由政府设置的海关向进出口国所征收的税收。

关税的课征范围是以关境为界，并非以国界为界。关境是海关境域、关税领域，是指一个国家的海关征收关税的领域。一般情况下，关境和国境是一致的。但在设立关税同盟、自由贸易区、自由港的情况下，两者就不一致了。

在17世纪末，很多欧美国家关税收入占全部财政收入的比重都在80%以上，随着各国生产力的迅速发展，国民生产总值有了大幅提高，税基也逐步拓宽，充裕的税源促进了国内税收的发展，财政性关税的地位大为削弱，关税在财政收入中的比例也"不复当年之勇"。如今，现代关税的课征目的在于保护本国产业发展和调节国际贸易关系，而不以取得财政收入为主要目的。保护性关税在世界各国受到普遍的重视，对本国经济的保护职能可谓"重中之重"。

改革开放后，为增强我国商品在国际市场上的竞争能力，我国对绝大部分出口商品不征税，只对极少数盈利特别高及国内少数紧俏商品征收出口税。从这一个角度来说，进出口关税，主要指贸易性进口关税。

我国关税税率实行复式税率结构，即同一税目有最低税率和普通税率两种，凡是与我国签订关税互惠条约与协定的国家，对其进口我国的货物，按最低税率征税；凡与我国未签订关税互惠条约和协定的国家，对其进口我国的货物，按普通税率征税。既然对来源于不同国家的货物适用不同的税率，这就需要明确货物的原产地或来源国。我国现在采用的是原产地规则，这是关税制度所特有的规则。我国的进口税率，将进口货物分为四大类，即必需品类、需用品类、非需用品类和限制进口类，按此阶梯，税率依次递升，形成差别比例税率。

关税是一个国际公认的经济保护手段。但事实上，关税对贸易有很强的杀伤力：禁止性关税——一种税率非常高的关税，可以完全阻止任何商品的进口，足以扼杀所有贸易；非禁止性关税——一种税率较高的关税，也会损害贸易，甚至有一位经济学家将关税说成是"起副作用的铁路"。具体来说，关税会对贸易有以下影响。

首先，是对进口国消费者的影响，它提高了进口商品的价格，增加了消费者的负担。一方面消费者的需求量不得不因价格上涨而减少；另一方面消费者即使不用较高价格购买进口商品，也要以较高价格购买本国同类产品。

其次，关税可以增加进口国政府的税收收入，这些收入是进口国政府提高关税的直接动力，但这些收入完全由本国消费者负担。

再次，关税保护了进口国国内与进口商品竞争的部门。关税所带来的高价格，必然会使一部分消费者放弃进口商品转而选择国内同类商品，这将促进本国同类商品的销售。

最后，征收关税会引起进口国内的再分配效应。在其他条件相对不变的情况下，从理论上分析，征收关税必然使消费者的收入转移至生产者，征收关税后，生产者与政府的收入都增加了，消费者的收入反而减少，而且消费者的损失要比本国生产者与政府所获得的收入还要多，这部分损失是没有任何人能够获得的。因此降低关税，虽然生产者与政府的收入会减少，但对消费者而言是福音。

# 第八章

## 货币政策

## 货币发行：钞票为什么不能多印

最早到美洲大陆谋生的人大多是非常穷困的贫民，没有什么财产和金钱。当时的北美还没有发现大型的金矿和银矿，所以在市场上流通的货币极为短缺。加之与母国英国的严重贸易逆差使得大量金银货币流向英国，更加剧了流通货币的稀缺。

为了应对这个难题，人们不得不使用各种物品替代货币进行商品交易。诸如动物的皮毛、贝壳、烟草、大米、小麦、玉米等接受程度较高的物品被各地用来当钱使。

长期的金属货币稀缺和替代实物货币应用的不便，促使当地政府跳出传统思维，开始了一种崭新的尝试，那就是由政府印刷和发行纸币来作为统一和标准的法币。这种纸币和欧洲流行的银行券最大的区别就是，它没有任何金银实物做抵押，是一种完全的政府信用货币。社会上的所有人都需要向政府交税，而只要政府接受这种纸币作为缴税的凭证，它便具备了在市场上流通的基本要素。

新的货币果然大大地促进了社会经济的迅速发展，商品贸易日趋繁荣。但是，一种没有抵押的货币是银行家的天敌，因为没有政府债务做抵押，政府就不需要向银行借当时最为稀缺的金属货币，银行家手上最大的砝码一下子就失去了威力。这种新的纸货币必然会导致美洲殖民地脱离英格兰银行的控制。

愤怒的英国银行家们立刻行动起来，在他们控制之下的英国议会于1764年通过《货币法案》（Currency Act），严厉禁止美洲殖民地各州印发自己的纸币，并强迫当地政府必须全部使用黄金和白银来支付向英国政府缴纳的税收。

富兰克林痛苦地描述这个法案给殖民地各州带来的严重经济后果，"只一年的时间，（殖民地的）情况就完全逆转了，繁荣时代结束了，经济严重衰退到大街小巷都站满了失业的人群"。

美国第三届总统的托马斯·杰斐逊有一句警世名言："如果美国人民最终让私有银行控制了国家的货币发行，那么这些银行将先是通过通货膨胀，然后是通货紧缩，来剥夺人民的财产，直到有一天早晨当他们的孩子们一觉醒过来时，他们已经失去了自己的家园和父辈曾经开拓过的土地。"

两百多年后再来聆听1791年杰斐逊的这一段话时，我们不禁惊叹他的预见惊人的准确。今天，美国私有银行果然发行了国家货币流通量的97％，美国人民也果然欠着银行44万亿美元的天文数字般的债务，他们也许真的有一天一觉醒来就会失去家园和财产，就像1929年发生过的一样。

人类自古以来都选择某些确切的实物作为货币，例如黄金、白银、铜。这种方式使得货币比较稳定，财富的真正价值能够得到比较客观的体现。虽然金银铜也会因产量增加而贬值，也会有所消耗。但是贵金属货币贬值的速度不会太快，通货膨胀的速度也不会太快。即使后来出现了纸币，长期以来，纸币作为一种方便的工具，背后都有金银等实物支撑，例如曾经长期存在的金本位制。相对稳定的货币，使得社会能够积累真实的财富。

在美国实行金本位制的时候，每一张美元纸币，背后都有相应的黄金。美元不能乱印乱发，通货膨胀的速度较慢。自从美国取消了金本位制后，美元背后便失去了真实的支撑。那么，没有真实财富支撑的美元变成什么了？美元变成只是一个许诺，以及相信这种许诺的心理程度。

没有了可参照的黄金，当人们卖出自己的真实财富，收到的美元，其实就是印着数字的一张纸。从此，美国人有了一个人类历史上最方便的获得财富的方法：印钞票。只要人们相信美国能够还钱，相信美国有能力还钱，人们就还愿意把真实财富交给美国，收入绿纸。说得简单一点，绿纸就是美国政府打的欠条、白条。

于是，以金融资本主导的美国经济出现了"从纸到纸"的循环：美联储发行纸币支付巨额贸易逆差——各顺差国再以得到的美元购买美国发行的其他类型的纸：政府债券或公司股票——美元回流进入美国资本市场。正是这种"从纸到纸"的循环支撑了美国资本市场的虚假繁荣。

近年来，美方不断压迫人民币升值。但是，其实美方也知道，人民币升值根本不可能减少美国的贸易逆差，正如1985年广场协议之后日元的升值没有减少美国的逆差一样。原因很简单，自美元与黄金脱钩以来，美元一直逐渐贬值，而近10年，美元货币印刷总量超过过去40年印刷总量。

2009年11月，朝鲜开始执行币值改革措施，兑换比率是100：1，也就是说1000元的旧货币现在只能兑换成10元的新货币。改革导致了一些混乱，人们纷纷前往黑市将朝鲜货币兑换成人民币和美元。

朝鲜元不能与外国货币自由兑换。韩联社称，朝鲜的一些外汇官员将外国货币走私进朝鲜，然后将其中一部分"捐献"给朝鲜中央银行。再加之，朝鲜缺乏现代化的金融及货币体系，使朝鲜的货币供应量大增，造成最近一些资产价格上涨，如豪华公寓的价格。

但是本次货币改革遇到了40岁至50多岁在集市做生意的中年女性商贩的"抵抗"。也就是说，朝鲜的市场商贩大都是养活子女的40岁至50多岁的女性，但她们因本次货币改革，其间苦苦储存的现金都变成了一堆废纸，加上做生意也变得不可能，从而对此直接表示不满。

一位朝鲜内部消息人士表示："那些拼命做生意的朝鲜大嫂们都生气了。"再说，情况紧急的中年女性商贩们不怕被抓走，三五成群地聚在一起谴责政府当局。该消息人士透露说："年轻的保安前去制止却受到大妈们的强烈抵抗，她们愤怒地说'滚蛋''你没有父母吗'等。"

　　朝鲜币值改革看似有利于清除黑市交易，但也对普通民众造成了伤害，北韩大嫂辛辛苦苦一辈子积攒下来的钱瞬间就成了一堆废纸，一些经济学家认为，这实际上是政府对公众的掠夺。

　　凯恩斯对此曾说："用（通货膨胀）这个办法，政府可以秘密地和难以察觉地没收人民的财富，一百万人中也很难有一个人能够发现这种偷窃行为。"而这些都是建立在以不兑现纸币为基础的法定货币体制之上的。

　　1945 年 8 月到 1948 年 8 月，南京国民政府法币的发行量从 5000 亿元激增至 660 万亿元，增长 1320 倍。1948 年 8 月，又停止法币，发行"金圆券"，原有的法币，按照 1:300 万元收兑，这就是说，300 万元法币只能换 1 元金圆券。并且声称，金圆券发行以 20 亿元为限。事实上，从 1948 年 8 月发行金圆券以后的不到一年里，其发行额超过了原来限额的几万倍。当时曾出现了类似"天方夜谭"的一幕：印钞厂昼夜不停地赶印纸币，仍然供不应求，情急之下只好赶到美国、英国大量印刷。据报道，到 1949 年 5 月，国民党政府的货币发行额比 1937 年 6 月增加了 1445 亿倍，而全国物价上涨 85000 亿倍。有人根据国民政府的物价统计，对一百元"法币"购买力做过这样一个对比计算：

　　1937 年可买两头黄牛；

　　1938 年可买一头黄牛；

　　1939 年可买一头猪；

　　1941 年可买一袋面粉；

　　1943 年可买一只鸡；

　　1945 年可买两个鸡蛋；

　　1946 年可买 1/6 香皂；

　　1947 年可买一粒煤球；

　　1948 年可买 0.002416 两大米；

　　1949 年可买 1 粒米的千万分之 2.45。

　　那么，那些价值去哪里了呢？被掠夺走了。被谁掠夺走了呢？被以控制银行的四大家族掠夺走了。这四大家族在 1927 年并不富有，但在此后特别是在 40 年代，他们就掠夺高达 200 亿美元的民脂民膏（那时的 200 亿美元约相当于现在的 4000 亿美元）。到 1949 年前夕，四大家族的官僚资本占当时资本主义经济的 80%，全部官僚资本约占全国工业资本的 2/3 左右，占全国工矿、交通运输固定资产的 80%。除了增加赋税、大量举债、收受贿赂等方法外，利用银行滥发纸币，制造通货膨胀是一个重要的掠夺方法。

# 银行准备金率：银行放贷对经济的影响

存款准备金为何有如此强大的威力？

大家都知道，银行（bank）起源于板凳（bench）。起初只是为顾客兑换货币，后来增加新业务，替有钱人保管金银，别人把金银存放在他的保险柜，他给人开张收据，并收取一定的保管费。天长日久，有聪明人看出其中门道，虽然每天都有人存，有人取，但他们的保险柜里，总有些金银处于闲置状态，很少有保险柜被提空的情况。于是兑换商玩起"借鸡下蛋"的把戏，别人每存一笔钱，他们只在手中保留一部分，剩下的则悉数贷出去。被兑换商保留在手里的那部分金银，就是后来的存款准备金。

金融机构为保证客户提取存款和资金清算需要而准备的在中央银行的存款，中央银行要求的存款准备金占其存款总额的比例就是存款准备金率。准备金本来是为了保证支付的，但它带来了一个意想不到的"副产品"，就是赋予了商业银行创造货币的职能，可以影响金融机构的信贷扩张能力，从而间接调控货币供应量。现已成为中央银行货币政策的重要工具，是传统的三大货币政策工具之一。

确切地说，存款准备金就是中央银行（中国人民银行）根据法律的规定，要求各商业银行按一定的比例将吸收的存款存入在人民银行开设的准备金账户，对商业银行利用存款发放贷款的行为进行控制。商业银行缴存准备金的比例，就是准备金率。准备金，又分法定存款准备金和超额准备金。前者是按照法定存款准备金率来提取的准备金。后者是超过法定准备以外提取的准备金。

中央银行可以通过公开市场操作、调整再贴现率和存款准备金比率来控制自身的资产规模，从而直接决定基础货币的多少，进而影响货币供给。中央银行通过调整法定存款准备金率以增加或减少一商业的超额准备，来扩张或收缩信用，实现货币政策所要达到的目的。

它的主要作用有以下三点：

1. 保证商业银行等存款货币机构资金的流动性。当部分银行出现流动性危机时，中央银行就有能力对这些银行加以救助，以提供短期信贷的方式帮助其恢复流动性。

2. 集中使用一部分信贷资金。这是中央银行作为银行的银行，这一"最终贷款人"责任，也可以向金融机构提供再贴现。

3. 调节货币供给总量。举个例子，银行吸收了 1000 元存款，存款准备金率是 10%，那么银行同期可用于投资等的最高额度是 900 元，100 块准备金必须存在央行指定的账户上；存款准备金的作用之一是防范挤兑风险，现在被政府好好利用了一把，成了抑制投资的工具之一。

我国的存款准备金制度是在 1984 年建立起来的，至今存款准备金率经历了 26 次调整。最低的一次是 1999 年 11 月存款准备金率由 8% 下调到 6%；最高一次为 2008 年 6 月由 16.5% 上调至 17.5%。

上调存款准备金率是央行减少商业银行流动性泛滥的一个重要措施，会减少信贷的资金供应量，是紧缩信号，对投资有直接联系。当中央银行提高法定准备金率时，商业银行可提供放款及创造信用的能力就下降。因为准备金率提高，货币乘数就变小，从而降低了整个商业银行体系创造信用、扩大信用规模的能力，其结果是社会的银根偏紧，货币供应量减少，利息率提高，投资及社会支出都相应缩减。反之，亦然。

比如，如果存款准备金率为 7%，就意味着金融机构每吸收 100 万元存款，要向央行缴存 7 万元的存款准备金，用于发放贷款的资金为 93 万元。倘若将存款准备金率提高到 7.5%，那么金融机构的可贷资金将减少到 92.5 万元。

在存款准备金制度下，金融机构不能将其吸收的存款全部用于发放贷款，必须保留一定的资金即存款准备金，以备客户提款的需要，因此存款准备金制度有利于保证金融机构对客户的正常支付。随着金融制度的发展，存款准备金逐步演变为重要的货币政策工具。当中央银行降低存款准备金率时，金融机构可用于贷款的资金增加，社会的贷款总量和货币供应量也相应增加；反之，社会的贷款总量和货币供应量将相应减少。

这样通过调整存款准备金率，可以影响金融机构的信贷扩张能力，从而间接调控货币供应量，达到控制经济增长的目标。

央行存款准备金率上调和存款利率上调之间没有必然的联系。无论是加息，还是上调存款准备金率，其用意都是抑制银行信贷资金过快增长。上调存款准备金率，能直接冻结商业银行资金，强化流动性管理。主要是为了加强流动性管理，抑制货币信贷总量过快增长。同时，上调存款准备金率体现了"区别对待"的调控原则。同加息相比，上调存款准备金率是直接针对商业银行实施的货币政策工具，不似加息"一刀切"式直接影响企业财务和百姓生活。

央行决定提高存款准备金率是对货币政策的宏观调控，旨在防止货币信贷过快增长。目前，我国经济快速增长，但经济运行中的突出矛盾进一步凸显，投资增长过快的势头不减。而投资增长过快的主要原因之一就是货币信贷增长过快。提高存款准备金率可以相应地减缓货币信贷增长，保持国民经济持续快速协调健康发展。

2010 年 1 月 29 日，印度央行宣布上调存款准备金率 75 个基点，上调幅度大于预期，市场普遍认为印度央行加息在即。印度央行发表议息声明称，维持基准利率不变，但将银行现金存款准备金率由 5% 上调至 5.75%，这一幅度高于此前市场普遍预期的 5.5%。声明称，上调银行准备金率将分两个阶段进行，从 2 月 13 日起调高 50 个基点，2 月 27 日起再上调 25 个基点。分析人士称，这标志着印度央行又向"退出"迈进一步。

在 2009 年 10 月份的货币政策会议上，印度央行就取消了信贷危机爆发后迅速推出的若干非常规的流动性支持举措，紧接着又在下一年 11 月份将商业银行法定流动资金比率由 24% 调升至 25%，进一步收紧货币政策。

马来西亚央行连续第七次决议维持基准利率在 2% 不变，但也首次强调，过低的利率不能维持太长时间；菲律宾央行发布的议息声明中表示，维持指标利率在 4.0% 不变，但将短期比索再贴现利率从 3.5% 上调到 4.0%。此外，新加坡央行表示，与美联储所签订的 300 亿美元换汇协议在 2010 年 2 月 1 日将自动失效。

随着经济持续复苏，亚洲经济体纷纷表达对过剩流动性推升资产价格风险的担忧，但撇开美联储单独行动又有很大风险，于是亚洲决策当局出台其他举措来抑制信贷增长，并收回流动性以防经济过热。

# 再贴现政策：根据需要调整再贴现率

2001 年 9 月 11 日，在恐怖分子撞毁了纽约世界贸易中心的几个小时之后，尽管远在瑞士开会的格林斯潘因为禁飞令依然无法回到美国，但是联邦储备委员会还是立即宣布向美国各地的银行运送现金，以保证银行的支付，即贴现政策。为了保证整个美国的银行系统和金融机构的正常运行，恐怖袭击后的第二天，美联储已经向美国银行系统补充了 382.5 亿万美元的特别临时储备资金；9 月 14 日美国联邦储备委员会再次通过公开市场操作向商业银行放款 812.5 亿万美元，相当于恐怖事件发生前 3 天向商业银行放款总额的 16 倍。

于是，大大出乎恐怖分子和悲观主义者们的意料的事情发生了——一场本来可能造成严重后果的支付危机，甚至没有来得及冒出苗头，就被成功化解了——在危机爆发后的最困难的最初 30 天里，在美国，没有一个城市发生挤兑提存款事件，没有一家银行因为支付危机而倒闭，甚至没有一家银行出现支付困难。无疑，这一连串的创造奇迹的行动在最危险的时刻拯救了遭受重创的美国经济。由此，我们不能不看到，央行再贴现政策的雪中送炭给市场送去了信心和温暖。

中央银行的另一个"法宝"就是再贴现政策。如果您持有还没到期的票据，但又急着用钱，就可以把票据转让给商业银行获得现款，代价是贴付一定利息，这就叫贴现。可商业银行也有周转不开的时候，它也可以把手中未到期的票据暂时"卖"给中央银行，这就叫再贴现。商业银行也得向中央银行支付一定利息，这个利率就叫再贴现率。

再贴现最初也不是一种货币政策工具，它原本是用来帮助商业银行周转资金的。商业银行虽然经营的就是"钱"，但它们也有"手头紧"的时候。为了帮助"手头紧"的银行渡过难关，中央银行就为它们开设了再贴现的窗口，为它们提供资金援助。

渐渐地，再贴现变成中央银行的一大"法宝"。当中央银行降低再贴现率的时候，商业银行发现从中央银行再贴现借钱比较划算，就会更多地申请再贴现。这样一来，中央银行的基础货币投放增加了，货币供应量自然会增加。而且，再贴现利率的降低会最终带动其他利率水平的下降，起到刺激投资和增长的作用。反过来，中央银行也可以提高再贴现率，实现相反的意图。

再贴现这个"法宝"不但能调控货币总量，还能调整结构。比如，中央银行规定哪些票据可以被再贴现，哪些机构可以申请再贴现，这样分门别类、区别对待，使得政策效果更加精确。

再贴现政策分为两类：

一类是长期的再贴现政策，这又包括两种：一是"抑制政策"，即中央银行较长期地采取再贴现率高于市场利率的政策，提高再贴现成本，从而抑制资金需求，收缩银根，减少市场的货币供应量；二是"扶持政策"，即中央银行较长期地采取再贴现率低于市场利率的政策，以放宽贴现条件，降低再贴现成本，从而刺激资金需求，放松银根，增加市场的货币供应量。

另一类是短期的再贴现政策，即中央银行根据市场的资金供求状况，随时制定高于或低于市场利率的再贴现率，以影响商业银行借入资金的成本和超额准备金，影响市场利率，从而调节市场的资金供求。

再贴现政策具有以下三方面作用：

1. 能影响商业银行的资金成本和超额准备，从而影响商业银行的融资决策，使其改变放款和投资活动。

2. 能产生告示效果，通常能表明中央银行的政策意向，从而影响到商业银行及社会公众的预期。

3. 能决定何种票据具有再贴现资格，从而影响商业银行的资金投向。

当然，再贴现政策效果能否很好地发挥，还要看货币市场的弹性。一般说来，有些国家商业银行主要靠中央银行融通资金，再贴现政策在货币市场的弹性较大，效果也就较大，相反有些国家商业银行靠中央银行融通资金数量较小，再贴现政策在货币市场上的弹性较小，效果也就较小。尽管如此，再贴现率的调整，对货币市场仍有较广泛的影响。

尽管再贴现政策有上述的一些作用，但也存在着某些局限性：

1. 从控制货币供应量来看，再贴现政策并不是一个理想的控制工具。首先，中央银行处于被动地位。商业银行是否愿意到中央银行申请贴现，或者贴现多少，决定于商业银行，如果商业银行可以通过其他途径筹措资金，而不依赖于再贴现，中央银行就不能有效地控制货币供应量。其次，增加对中央银行的压力。如商业银行依赖于中央银行再贴现，这就增加了对中央银行的压力，从而削弱控制货币供应量的能力。最后，再贴现率高低有一定限度，而在经济繁荣或经济萧条时期，再贴现率无论高低，都无法限制或阻止商业银行向中央银行再贴现或借款，这也使中央银行难以有效地控制货币供应量。

2. 从对利率的影响看，调整再贴现利率，通常不能改变利率的结构，只能影响利率水平。即使影响利率水平，也必须具备两个假定条件：一是中央银行能随时准备按其规定的再贴现率自由地提供贷款，以此来调整对商业银行的放款量；二是商业银行为了尽可能地增加利润，愿意从中央银行借款。当市场利率高于再贴利率，而利差足以弥补承担的风险和放款管理费用时，商业银行就向中央银行借款然后放出去；当市场利率高于再贴现率的利差，不足以弥补上述费用时，商业银行就从市场上收回放款，并偿还其向中央银行的借款，也只有在这样的条件下，中央银行的再贴现率才能支配市场利率。然而，实际情况往往并非完全如此。

3. 就其弹性而言，再贴现政策是缺乏弹性的，一方面，再贴现率的随时调整，通常会引起市场利率的经常性波动，这会使企业或商业银行无所适从；另一方面，再贴现率不随时调整，不宜于中央银行灵活地调节市场货币供应量，因此，再贴现政策的弹性是很小的。

上述缺点决定了再贴政策并不是十分理想的货币政策工具。

# 利率政策：经济调控的重要杠杆

2007 年年初以来，中国人民银行先后 5 次上调人民币存贷款基准利率。其中，一年期存款基准利率累计上调 1.35 个百分点，一年期贷款基准利率累计上调 1.17 个百分点。2007 年年底，央行发表报告认为，利率政策的累积效应逐步显现：一是融资成本适度上升，有利于合理调控货币信贷投放，抑制过度投资；二是连续多次加息，有利于引导居民资金流向，稳定社会通胀预期。在物价水平走高的情况下，中央银行提高存款收益水平并努力使实际利率为正，有利于保护存款人的利益。居民储蓄问卷调查显示，居民储蓄意愿下降速度已明显放缓，在当前的物价和利率水平下，认为"更多储蓄"最合算的居民占比，第一、二、三季度降幅分别为 5.6、4 和 0.9 个百分点，幅度明显减小。第三季度，储蓄存款余额下降趋势在一定程度上得以缓解。在 5 次上调人民币存贷款基准利率的过程中，中国人民银行适度缩小金融机构存贷款利差，一年期存贷款基准利率利差在各次利率调整后分别为 3.60%、3.51%、3.51%、3.42%、3.42%，利差从年初的 3.60% 逐步缩小为 3.42%，累计缩小 0.18 个百分点。

央行表示，利率政策的累积效应逐步显现。

利率为什么具有如此神奇的魔力？因为利率是资金使用的价格，它的涨跌关系着居民、企业、政府各方的钱袋，能不让人紧张吗？

利率是经济学中一个重要的变量。当前，世界各国频繁运用利率杠杆实施宏观调控，利率政策已成为各国中央银行调控货币供求，进而调控经济的主要手段，利率政策在中央银行货币政策中的地位越来越重要。合理的利率，对发挥社会信用和利率的经济杠杆作用有着重要的意义。

利率政策是货币政策的重要组成部分，也是货币政策实施的主要手段之一。央行根据货币政策实施的需要，适时地运用利率工具，对利率水平和利率结构进行调整，进而影响社会资金供求状况，实现货币政策的既定目标。利率上调有助于吸收存款，抑制流动性，抑制投资热度，控制通货膨胀，稳定物价水平；利率下调有助于刺激贷款需求，刺激投资，拉动经济增长。利率这个经济杠杆使用起来要考虑它的利弊，在什么时间、用什么幅度调整都是讲究艺术的。以日本 10 年漫长的经济衰退时期的零利率政策为例：

20 世纪 90 年代初，泡沫经济崩溃后，大量借款不能偿还，给银行机构造成大量不良资产，日本经济陷入长期萧条。中小企业因资金周转不开大量倒闭，殃及中小银行金融机构跟着破产，为了刺激经济复苏，日本政府扩大公共事业投资，年年增发国债，导致中央政府和地方政府负债累累，财政濒临崩溃的边缘，国家几乎无法运用财政杠杆调节经济。为了防止经济进一步恶化，刺激经济需求，日本银行于 1999 年 2 月开始实施零利率政策。2000 年 8 月，日本经济出现了暂短的复苏，日本银行一度解除了零利率政策。2001 年，日本经济重新跌入低谷。2001 年 3 月，日本银行开始将金融调节的主要目标从调节短期利率转向"融资量目标"，同时再次恢复实际上的零利率政策。2006 年 7 月 14 日，日本央行解除实施了 5 年零 4 个月的零利率政策，将短期利率从零调高至 0.25%。零利率的解除，也标志着日本经济开始明显复苏。

但随着美国金融危机的逐渐深化，打破了美联储前主席格林斯潘的"金融神话"。他所奉行的宽松货币政策被越来越多的人视为当前金融危机的"罪魁祸首"。

格林斯潘在回答美国众议院监督委员会主席沃克斯曼的问题时表示，他从自己的思路中"发现了一个缺陷"。格林斯潘说："当时我犯了一个错误，以为以自身利益为中心的各银行和其他企业有能力保护自己股东的利益和公司内部的公正性。"格林斯潘承认他遵循了18年的"自由资本主义"指导市场的信条出了问题，并为此道歉。他承认信贷危机"与我所能想象的任何情形相比，涉及面都要大得多"。

格林斯潘也为自己辩解："纵观当时的情况，美联储作出的哪一次加息减息不是必要的呢？"不过，格林斯潘在《华尔街日报》发表的文章中也承认，他任职期间实施的低利率政策可能助长了美国房价泡沫。但他认为次贷危机的真正根源在于全球经济扩张，正是一段时期以来全球经济前所未有的高速增长导致投资者低估了风险。

世界银行高级副行长、首席经济学家林毅夫表示，金融危机之所以发展成为全球性经济危机，与美国政府没有很好地处理2001年互联网泡沫破灭有关。"当时泡沫破裂美国经济就应该陷入衰退，但那次衰退很短。为什么那么短？因为是美联储用降息来刺激房地产经济。"他说。经过一年多加息，美联储又大幅度减息，基准利率从3.5%降低到过去近50年来的最低点1%。他认为，由此造成美国房地产市场一度高度繁荣，"代价是房地产更大的泡沫，泡沫破灭以后就更难解决。"随着2006年年初美国房地产泡沫破裂，次贷危机逐步显现，并愈演愈烈成为影响全球的金融危机。

批评者认为，格林斯潘当初奉行的低利率政策导致流动性过剩，正是当年颇有成效的宽松货币政策可能导致了房地产泡沫以及次贷危机的爆发。

在经济跌入低谷时，低利率政策的实施减轻了企业的债务负担，为市场提供了充足的资金，但其负面影响是不容忽视的。例如，由于市场利率的下降引起存款利率的下降，使储蓄者蒙受一定损失，直接影响到个人消费的提高；另外，由于短期资金唾手可得，助长了某些金融机构的惰性。在低利率政策下，金融机构不用说实行证券化、开发衍生金融产品，就是连传统的存贷业务利润空间都很小，特别是保险行业经营已出现困难。因此，过低的利率使金融机构丧失了扩展业务与进取开拓的内在动力。更为严重的是，低利率甚至零利率政策意味着政府利用金融手段刺激经济的余地也越来越小。

央行采用的利率工具主要有：1. 调整中央银行基准利率，包括：再贷款利率，指中国人民银行向金融机构发放再贷款所采用的利率；再贴现利率，指金融机构将所持有的已贴现票据向中国人民银行办理再贴现所采用的利率；存款准备金利率，指中国人民银行对金融机构交存的法定存款准备金支付的利率；超额存款准备金利率，指中央银行对金融机构交存的准备金中超过法定存款准备金水平的部分支付的利率。2. 调整金融机构法定存贷款利率。3. 制定金融机构存贷款利率的浮动范围。4. 制定相关政策对各类利率结构和档次进行调整等。

不同国家的利率标准也不尽相同。中国央行领导人曾用"橘子是不能跟苹果相比"的形象比喻来说明各个国家利率手段的内涵和定价机制不同。受金融危机的影响，2009 年西方很多国家和过去十年中的日本一样，开始实行零利率政策。西方各国对于中国实行零利率政策的呼声很高。这是为什么呢？

因为利率对本国汇率和对他国汇率都有重要的影响。利率是货币供求关系的产物，增加货币投放量，市场上货币增多，供大于求，导致利率下降；反之减少货币投放量，市场上流通的货币减少，供不应求，利率提高。以中国和美国为例，如果中国增加货币投放量，利率降低，而假设美国利率不变，在外汇市场上导致人民币对美元贬值；反之如果美国降息，而中国利率不变，将导致美元对人民币贬值。因此，一国的利率政策不仅会影响到本国人民的利益和经济发展，还会通过汇率作用于他国的经济。

## 流动性：资产以合理价格变现的能力

　　流动性指整个宏观经济的流动性，指在经济体系中货币的投放量的多少，现在所谓流动性过剩就是指有过多的货币投放量，这些多余的资金需要寻找投资出路，于是有了投资/经济过热现象，以及通货膨胀危险。货币本质上也是一种商品。欧洲中央银行（ECB）就把流动性过剩定义为实际货币存量对预期均衡水平的偏离。

　　在宏观经济上，它表现为货币增长率超过国民生产总值增长率；就银行系统而言，则表现为存款增速大大快于贷款增速。以我国目前的情况来说，2006 年年末，狭义货币供应量为 12.6 万亿元，比上年增长 17.5%，增幅比上年高出 5.7 个百分点，远远高于同年国民生产总值的增长速度；金融机构超额存款准备金率为 4.8%，比上年年末高出 0.6 个百分点；金融机构存款总额高于贷款总额即存贷差为 11 万亿元，比上年年末增加 1.7 万亿元。因此，从某种程度上来说，我国出现了流动性过剩的迹象。但是，严格地说，流动性过剩无论是从表象，还是从成因或解决方法上来看，都是一个复杂的经济和金融理论问题，并不仅仅是通常所说的货币发行过多、存贷差过大等问题而已。

　　1914 年，第一次世界大战爆发，当时社会上普遍担心出现金融危机，作为英国货币问题专家，凯恩斯去财政部任职。他的首次努力是去说服首相劳合·乔治保持黄金储备。到战争结束时，凯恩斯已在财政部树立了牢固的地位，并被派到国外处理一系列的金融问题。当和平会议在巴黎举行时，凯恩斯代表英国财政部参加了和谈。

　　和谈结束后，凯恩斯从财政部辞职，撰写了《和平的经济后果》

一书。这本书中描述了一些当时著名人物的事情，包括劳合·乔治等人物以及对当时社会的分析。

华特·利普曼把凯恩斯的著作编成一个系列，凯恩斯承担出版费，由麦克米伦公司出版。著作在爱丁堡印刷，用船把它运到伦敦，途中船不幸失事，2000本《和平的经济后果》被海水冲到丹麦海滩。按丹麦法律，书在当地公开拍卖。这本书最后被译成多国文字，大约售出了14万册。

《和平的经济后果》是凯恩斯的成名之作，而这一位经济史上的巨人，因开创了所谓经济学的"凯恩斯革命"而著称于世。作为一个世界著名的经济学家，凯恩斯在金融方面的贡献同样为后世带来了深远的影响。他最为人津津乐道的便是著名的"流动性偏好理论"。

凯恩斯认为，在资本市场上，人们有一种宁愿持有货币，而不愿持有股票和债券等能生利但较难变现的资产的偏好。由此他提出流动性陷阱的假说，指当一定时期的利率水平降低到不能再低时，人们就会产生利率上升而债券价格下降的预期，货币需求弹性就会变得无限大，即无论增加多少货币，都会被人们储存起来。发生流动性陷阱时，再宽松的货币政策也无法改变市场利率，使得货币政策失效。凯恩斯认为，当利率降到某种水平时，人们对于货币的投机需求就会变得有无限弹性，即人们对持有债券还是货币感觉无所谓。此时即使货币供给增加，利率也不会再下降。

据此产生的流动性偏好理论的基本观点是相信投资者并不认为长期债券是短期证券的理想替代物。投资者在接受长期债券时就会要求对他接受的与债券的较长的偿还期限相联系的风险给予补偿，这便导致了流动性溢价的存在。在这里，流动性溢价便是远期利率和未来的预期即期利率之间的差额。

流动性偏好理论主要由几部分组成：

1. 利率决定理论：凯恩斯认为利率是纯粹的货币现象。因为货币最富有流动性，它在任何时候都能转化为任何资产。利息就是在一定时期内放弃流动性的报酬。利率因此为货币的供给和货币需求所决定。凯恩斯假定人们可贮藏财富的资产主要有货币和债券两种。

2. 货币需求曲线的移动：在凯恩斯流动性偏好理论中，导致货币需求曲线移动的因素主要有两个，即收入增长引起更多的价值储藏，并购买更多的商品，物价的高低通过实际收入的变化影响人们的货币需求。

3. 货币供给曲线的移动：凯恩斯假定货币供给完全为货币当局所控制，货币供给曲线表现为一条垂线，货币供给增加，货币供给曲线就向右移动，反之，货币供给曲线向左移动。

4. 影响均衡利率变动的因素：所有上述因素的变动都将引起货币供给和需求曲线的移动，进而引起均衡利率的波动。

5. 流动性陷阱对利率的影响：凯恩斯在指出货币的投机需求是利率的递减函数的情况下，进一步说明利率下降到一定程度时，货币的投机需求将趋于无穷大。因为此时的债券价格几乎达到了最高点，只要利率小有回升，债券价格就会下跌，债券购买就会有亏损的极大风险。于是，不管中央银行的货币供给有多大，人们都将持有货币，而不买进债券，债券价格不会上升，利率也不会下降。这就是凯恩斯的"流动性陷阱"。在这种情况下，扩张性货币政策对投资、就业和产出都没有影响。

凯恩斯认为，人们的货币需求行为是由交易动机、预防动机和投机动机三种动机决定的。交易动机是指为购买商品和劳务而持有货币的动机，预防动机是指为防止发生意外而持有货币的动机，投机动机是指为了进行投机活动而持有货币的动机。由交易动机和预防动机决定的货币需求取决于收入水平；基于投机动机的货币需求则取决于利率水平。凯恩斯的理论对世人产生了巨大的启发，凯恩斯的理论至今仍有许多拥护者。

我国银行体系中存在的流动性过剩，是国内外多种因素共同作用的结果。从内部因素来看，有经济结构不平衡、储蓄和投资倾向强于消费倾向等。储蓄投资缺口，造成了贸易顺差和外汇储备的急剧增长。按目前的外汇管理制度，我国的外汇收入必须售给中国人民银行，而央行为收购外汇必须增加货币发行。与此相关的是，贸易顺差的大量增加，人民币升值预期加大，国外资本的流入显著增加。因此，贸易和资本流动的双顺差，使我国的外汇储备急剧增加，2006 年年末，我国外汇储备达到了 10663 亿美元。而央行为收购这些外汇储备就需要发行货币超过 8 万亿元，这是我国流动性过剩的主要内部原因。从外部因素来看，美国"9·11"事件以后，全球各主要经济体一度普遍实行低利率政策，导致各主要货币的流动性空前增长，出现了全球流动性过剩。在全球经济失衡的诱导下，大量资金从美国流入以中国为代表的亚洲新兴经济体，这是造成目前我国流动性过剩的重要外部原因。

流动性过剩导致的结果，首先是大量的资金追逐房地产、基础资源和各种金融资产，形成资产价格的快速上涨。而上游资源价格的上升，必然会推动下游消费品价格的上升。如果在一些因素的刺激下，部分流动性开始追逐消费品，就会引起物价的较快上涨。流动性过剩容易引发经济过热、产生经济泡沫，因此，往往成为各国普遍关注的经济现象。针对流动性过剩，我国中央银行 2007 年以来，多次上调存款准备金和加息，采取了适度从紧的货币政策。

吉林省长春市的土地市场上，最近突然杀出了许多新买家。可是坐下来竞拍时，人们发现，那些举牌的竟然都是熟悉的老面孔。所谓的新公司，不过是地产大鳄们换了个"马甲"而已……

与万科叫板 50 轮，把地价从 4.8 亿元叫到了 10 亿元，10 月 15 日长春市柴油机厂地块竞拍现场，一家名为广州三银房地产开发有限公司的买家引起了人们的关注。正在人们纷纷猜测这家陌生公司的来头时，有开发商在网上爆料，广州三银原属"保利系"。保利地产长春公司因有项目拖欠土地出让金，按长春市国土资源局规定，不得参与新地块竞买，所以才以广州三银的身份参与竞拍。

有人说 2009 年楼市、地价的频频追高都源于流动性过剩。

金融危机之后，由于看好中国的经济发展前景，世界大量资金涌入国内银行，存款一路攀升；一边是房贷、车贷甚至企业大户贷款滑坡，有钱贷不出去。2009 年上半年以来，"钱多得不知道往哪儿放"的怪病造成的"流动性过剩"之痛折磨着国内银行。国内银行只好大幅发放贷款。

可以从三方面解决流动性过剩问题。首先，改变信贷投向结构，大力开发中小企业和个人信贷市场。其次，大力发展资本市场，调整金融市场结构。鼓励合规资金进入股票等资本市场。最后，鼓励、支持银行业的产品创新，调整金融产品结构，疏导流动性。

# 第九章

# 国民经济

## 总供给与总需求：为什么鼓励富人消费

在第二次世界大战刚刚结束的时候，日本的经济濒临崩溃。当时有一位德高望重的老僧，突然一反常态，带头吃喝玩乐起来。这和战后的悲惨气氛格格不入，与他的有德高僧的身份就更不相符了。但是，当时的著名作家、诺贝尔文学奖的获得者川德康成和其他的一些文化名流对这位老僧的所作所为十分推崇，因为当时的日本战败，很多人对未来和生活失去了信心。老僧在做的事情，就是鼓舞人们去享受人生，希望能唤醒人们对生活的兴趣。只有人们开始热爱人生了，才能谈得上重建家园，后来日本的经济发展证实了这一点。

在经济萧条时，当总供给大于总需求的时候，也就是社会的需求已经远远小于社会的供给时，必须唤醒人们的消费欲望，才能增加生产，复苏经济。老僧带头吃喝玩乐就是为了刺激大家的消费欲望，增加生产，让社会的总需求与供给大致平衡。

总供给与总需求是宏观经济学中的一对基本概念。总供给是经济社会的总产量（或总产出），它描述了经济社会的基本资源用于生产时可能有的产量。一般而言，总供给主要是由生产性投入（最重要的是劳动与资本）的数量和这些投入组合的效率（即社会的技术）所决定的。

总需求是经济社会对产品和劳务的需求总量。总需求由消费需求、投资需求、政府需求和国外需求构成，其中国外需求由国际经济环境决定，而政府需求主要是一个政策变量，因此消费需求和投资需求是决定总需求量的基本因素。

在现代经济中，如果社会总需求大于社会总供给，意味着市场处于供求的紧张状态，物价上涨和社会不稳定；如果社会总需求小于社会总供给，意味着市场处于疲软状态，企业开工不足，失业率上升和经济萧条。一般政府通过经济手段和行政手段调节经济运行，使经济在社会总供求完全均衡的基础上运行。

清代乾隆三十三年，两淮盐政的尤拔世上书奏报，指责当地盐商挥霍成性，引发奢靡之风，请求乾隆皇帝对他们加以惩处，并力荐安养民生应当倡导节俭。乾隆看此奏章后，不以为意，遂批示"此可不必，商人奢用，亦养无数游手好闲之人。皆令其敦俭，彼徒自封耳。此见甚鄙迂"。这几句话是说，富商们奢侈消费能够增加就业，供养更多闲散之人。若让他们节俭，反倒对百姓没有好处。如此看来，富商的消费有什么不对？又有什么理由要加以禁止？乾隆的一番说辞，让大臣们茅塞顿开，从此不再提禁奢之事。

从历史上看，乾隆皇帝的这一主张的确是明智之举。富人的积极消费极大地刺激了清朝的经济发展，并促生了有名的康乾盛世。也是从这个案例中，后人提出了这样的主张——鼓励富人消费。

很多人对此仍不理解，为什么要鼓励富人消费呢？历史上，富人消费的例子，最后不都是丧家败国吗？像史书中，就描写丢掉夏朝的桀，残暴奢靡。他曾倾空国库，建筑自己的豪华寝宫——倾宫；曾大费人力在王宫内设计酒池肉林；曾用整块的玉石雕建宫门，并用象牙修饰蜿蜒的长廊。而败光商朝的纣王也毫不逊色，穷奢极欲的程度有过之而无不及。吃饭要吃旄象豹胎；穿衣要锦衣九重；住房要广厦高台；观景等要摘星之阁，高筑鹿台。这些，最后不都导致了国家的灭亡吗？

此类说法，难免有些偏激和片面。要知道，夏桀、商纣是富人消费的极端例子，他们不惜动用全国人民的财富来任由自己挥洒，引起民怨民愤，才导致了自己的灭亡。但历史上大多数富人的消费花的都是自己的收入，并不对其他人造成危害，为什么不鼓励呢？从宏观层面来说，社会经济有供给有需求，二者维持在整体平衡，当富人减少消费，必然会引起需求不足，从而导致供给过剩，最终危害整体社会经济运行状况。

如果总供给与总需求不平衡，市场价格就会脱离市场价值而偏向某一个方面，这就不会反映社会需求的实际情况，经济结构就不会协调，经济运行就不会正常。在总供给与总需求的矛盾中，总需求往往是矛盾的主要方面，因此，应该把调控总需求作为重点。总需求大于总供给是由超国民收入分配造成的，即国民收入在货币价值形态上的分配超过了国民收入的实际生产额。在这种情况下，就表现为通货膨胀。控制超国民收入分配，保持社会总供给与总需求的基本平衡，是宏观经济调控的首要任务。

# GDP：衡量经济发展的指标

网上流传着一则有关 GDP（国内生产总值）的笑话：

一天饭后去散步，为了某个数学模型的证明，两位青年争了起来。正在难分高下的时候，突然发现前面的草地上有一堆狗屎。甲就对乙说，如果你能把它吃下去，我愿意出五千万。五千万的诱惑可真不小，吃还是不吃呢？乙掏出纸笔，进行了精确的数学计算，很快得出了经济学上的最优解：吃！于是甲损失了五千万，当然，乙的这顿饭吃得也并不轻松。

两个人继续散步，突然又发现了一堆狗屎，这时候乙开始剧烈反胃，而甲也有点心疼刚才花掉的五千万。于是乙说，你把它吃下去，我也给你五千万。于是，不同的计算方法，相同的计算结果——吃！甲心满意足地收回了五千万，而乙似乎也找到了一点心理平衡。

可突然，天才们同时号啕大哭：闹了半天我们什么也没得到，却白白吃了两堆狗屎！他们怎么也想不通，只好去请他们的导师，一位著名的经济学泰斗给出解释。

听了两位高徒的故事，没想到泰斗无比激动，只见泰斗颤巍巍地举起一根手指头，无比激动地说："一个亿啊！一个亿啊！我亲爱的同学，感谢你们，你们仅仅吃了两堆狗屎，就为国家的 GDP 贡献了一个亿的产值！"

吃狗屎能创造 GDP，这是件可笑的事情。在可笑之余，我们应该先了解什么是 GDP。GDP 即英文 gross domestic product 的缩写，也就是国内生产总值。通常对 GDP 的定义为：一定时期内（一个季度或一年），一个国家或地区的经济中所生产出的全部最终产品和提供劳务的市场价值的总值。

自从 20 世纪 30 年代美国经济学家库兹理茨建立这个体系以来，GDP 这个指标一直在使用和改进中。应该说，GDP 是能基本反映一国整体经济运行状况与历史趋势的。到现在为止，还没有一个人能提出广为公众接受的另一种指标体系来替代 GDP，也没有一个国家不使用 GDP 这个指标，或者放弃 GDP 统计的计划。

在经济学中，GDP 常用来作为衡量该国或地区的经济发展综合水平通用的指标，这也是目前各个国家和地区常采用的衡量手段。GDP 是宏观经济中最受关注的经济统计数字，因为它被认为衡量国民经济发展情况最重要的一个指标。一般来说，国内生产总值有三种形态，即价值形态、收入形态和产品形态。从价值形态看，它是所有常驻单位在一定时期内生产的全部货物和服务价值与同期投入的全部非固定资产货物和服务价值的差额，即所有常驻单位的增加值之和；从收入形态看，它是所有常驻单位在一定时期内直接创造的收入之和。GDP 反映的是国民经济各部门增加值的总额。

（1）生产法

生产法是从生产角度计算国内生产总值的一种方法。从国民经济各部门一定时期内生产和提供的产品和劳务的总价值中，扣除生产过程中投入的中间产品的价值，从而得到各部门的增加值，各部门增加值的总和就是国内生产总值。计算公式为：总产出 – 中间投入 = 增加值。

GDP = 各行业增加值之和。

也可以表示为 GDP = Σ 各产业部门的总产出 – Σ 各产业部门的中间消耗。

（2）收入法

收入法是从生产过程中各生产要素创造收入的角度计算 GDP 的一种方法。即各常驻单位的增加值等于劳动者报酬、固定资产折旧、生产税净额和营业盈余四项之和。这四项在投入产出中也称最初投入价值。各常驻单位增加值的总和就是 GDP。计算公式为：

GDP = ∑各产业部门劳动者报酬 + ∑各产业部门固定资产折旧 + ∑各产业部门生产税净额 + ∑各产业部门营业利润。

（3）支出法

支出法是从最终使用的角度来计算 GDP 及其使用去向的一种方法。GDP 的最终使用包括货物和服务的最终消费、资本形成总额和净出口三部分。计算公式为：

GDP（国内生产总值）= 最终消费 + 资本形成总额 + 净出口

从生产角度，等于各部门（包括第一、第二和第三产业）增加值之和；从收入角度，等于固定资产折旧、劳动者报酬、生产税净额和营业盈余之和；从使用角度，等于总消费、总投资和净出口之和。

美国经济学家萨缪尔森认为，GDP 是 20 世纪最伟大的发明之一。他将 GDP 比作描述天气的卫星云图，能够提供经济状况的完整图像，能够帮助领导者判断经济是在萎缩还是在膨胀，是需要刺激还是需要控制，是处于严重衰退还是处于通胀威胁之中。如果没有像 GDP 这样的总量指标，政策制定者就会陷入杂乱无章的数字海洋而不知所措。

## PPI：观察通胀水平的指标

根据国家统计局发布的数据显示，2009 年 12 月份 PPI（生产者物价指数）在各方预期之内如期转正，上涨 1.7%。2009 年 12 月份的 PPI 同比增幅，比 11 月均明显加快。马建堂具体分析上涨因素称，CPI 分项数据中，食品和居住项目是主要上涨因素。数据显示，食品上涨了 5.3%，拉动了 CPI 上涨 1.74 个百分点；包括住房在内的居住项目价格上涨 1.5%，拉动 CPI 上涨 0.21 个百分点。PPI 方面，主要是采掘工业品以及原料，钢材、水泥、十大有色产品上涨较多，去年 12 月份分别同比上涨 17.6% 和 3.6%，对 PPI 上涨分别贡献 0.9 和 0.7 个百分点。这两者总共贡献的百分点"已经接近总体上涨的 1.7（个百分点）了"。

生产者物价指数（PPI）：生产者物价指数主要的目的在衡量各种商品在不同的生产阶段的价格变化情形。PPI 是衡量工业企业产品出厂价格变动趋势和变动程度的指数，是反映某一时期生产领域价格变动情况的重要经济指标，也是制定有关经济政策和国民经济核算的重要依据。目前，我国 PPI 的调查产品有 4000 多种（含规格品 9500 多种），覆盖全部 39 个工业行业大类，涉及调查种类 186 个。

由于 CPI 不仅包括消费品价格，还包括服务价格，CPI 与 PPI 在统计口径上并非严格的对应关系，因此 CPI 与 PPI 的变化出现不一致的情况是可能的。CPI 与 PPI 持续处于背离状态，这不符合价格传导规律。价格传导出现断裂的主要原因在于工业品市场处于买方市场以及政府对公共产品价格的人为控制。

PPI 通常作为观察通货膨胀水平的重要指标。由于食品价格因季节变化加大，而能源价格也经常出现意外波动，为了能更清晰地反映出整体商品的价格变化情况，一般将食品和能源价格的变化剔除，从而形成"核心生产者物价指数"，进一步观察通货膨胀率变化趋势。

在美国，美国生产者物价指数的资料搜集由美国劳工局负责，他们以问卷的方式向各大生产厂商搜集资料，搜集的基准月是每个月包含 13 日在内该星期的 2300 种商品的报价，再加权换算成百进位形态，为方便比较，基期定为 1967 年。一般而言，当生产者物价指数增幅很大而且持续加速上升时，该国央行相应的反应是采取加息对策阻止通货膨胀快速上涨，则该国货币升值的可能性增大；反之亦然。

真正的经济学家注重 PPI 而媒体注重 Core PPI，将食物及能源去除后的，称为"核心 PPI"（Core PPI）指数，以正确判断物价的真正走势——这是由于食物及能源价格一向受到季节及供需的影响，波动剧烈。Core PPI 短期内会产生误导作用。

PPI 上升不是好事，如果生产者转移成本，终端消费品价格上扬，通胀上涨。如果不转移，企业利润下降，经济有下行风险。阿里巴巴集团主席马云已经提出，2010 年是预防通胀的一年。

美国劳工部 2009 年 12 月 15 日公布，美国 11 月生产者物价指数月率上升 1.8%，预期为上升 0.8%；年率上升 2.4%，预期为上升 1.6%。此数据表明美国通胀压力上升，增强了美联储将提早升息的预期。

2010 年 1 月 10 日，韩国央行（Bank of Korea）公布数据显示，韩国 12 月生产者物价指数月比上升 0.5%，年比上升 1.8%，主要由于农业及渔业产品价格上涨。略高于 11 月 0.4% 的增幅，农业及渔业产品价格上升为其主因。韩国 12 月生产者价格指数年比上升 1.8%，为 8 个月以来首次实现年比上升，因韩国 12 月石油进口价格年比上升 86.4%，11 月该国生产者价格指数年比下降 0.4%。韩国 2009 年生产者物价指数年比下降 0.2%，为 7 年以来首次下降，主要由于石油价格及其他商品价格下滑。

从上面我们可以看出，由于 2008 年，世界经济危机大规模爆发以后，世界各国纷纷降息，从而为社会注入了很大的流动性，从而导致了物价指数上涨。生产者物价指数的上升也提醒，政府决策机构和企业生产者一定要尽早预防通胀。

# 泡沫经济：经济虚假繁荣

20 世纪 80 年代后期，日本的股票市场和土地市场热得发狂。从 1985 年年底到 1989 年年底的 4 年里，日本股票总市值涨了 3 倍。土地价格也是接连翻番，到 1990 年，日本土地总市值是美国土地总市值的 5 倍，而美国国土面积是日本的 25 倍！两个市场不断上演着一夜暴富的神话，眼红的人们不断涌进市场，许多企业也无心做实业，纷纷干起了炒股和炒地的行当——全社会都为之疯狂。

灾难与幸福是如此靠近。正当人们还在陶醉之时，从 1990 年开始，股票价格和土地价格像自由落体一般往下猛掉，许多人的财富转眼间就成了过眼云烟，上万家企业迅速关门倒闭。两个市场的暴跌带来数千亿美元的坏账，仅 1995 年 1 月至 11 月就有 36 家银行和非银行金融机构倒闭，当年爆发剧烈的挤兑风潮。极度的市场繁荣轰然崩塌，人们形象地称其为"泡沫经济"。20 世纪 90 年代，日本经济完全是在苦苦挣扎中度过的，不少日本人哀叹那是"失去的十年"。

西方谚语说："上帝欲使人灭亡，必先使其疯狂。"泡沫经济是指虚拟资本过度增长与相关交易持续膨胀，日益脱离实物资本的增长和实业部门的成长，金融证券、地产价格飞涨，投机交易极为活跃的经济现象。泡沫经济寓于金融投机，造成社会经济的虚假繁荣，最后必定泡沫破灭，导致社会震荡，甚至经济崩溃。

最早的泡沫经济可追溯至 1720 年发生在英国的"南海泡沫公司事件"。当时南海公司在英国政府的授权下垄断了对西班牙的贸易权，对外鼓吹其利润的高速增长，从而引发了对南海股票的空前热潮。由于没有实体经济的支持，经过一段时间，其股价迅速下跌，犹如泡沫那样迅速膨胀又迅速破灭。

泡沫经济寓于金融投机。正常情况下，资金的运动应当反映实体资本和实业部门的运动状况。只要金融存在，金融投机必然存在。但如果金融投机交易过度膨胀，同实体资本和实业部门的成长脱离得越来越远，便会造成社会经济的虚假繁荣，形成泡沫经济。

在现代经济条件下，各种金融工具和金融衍生工具的出现以及金融市场自由化、国际化，使得泡沫经济的发生更为频繁，波及范围更加广泛，危害程度更加严重，处理对策更加复杂。泡沫经济的根源在于虚拟经济对实体经济的偏离，即虚拟资本超过现实资本所产生的虚拟价值部分。

泡沫经济得以形成具有以下两个重要原因：

第一，宏观环境宽松，有炒作的资金来源。

泡沫经济都是发生在国家对银根放得比较松，经济发展速度比较快的阶段，社会经济表面上呈现一片繁荣，给泡沫经济提供了炒作的资金来源。一些手中握有资金的企业和个人首先想到的是把这些资金投到有保值增值潜力的资源上，这就是泡沫经济成长的社会基础。

第二，社会对泡沫经济的形成和发展缺乏约束机制。

对泡沫经济的形成和发展进行约束，关键是对促进经济泡沫成长的各种投机活动进行监督和控制，但到目前为止，社会还缺乏这种监控的手段。这种投机活动发生在投机当事人之间，是两两交易活动，没有一个中介机构能去监控它。作为投机过程中最关键的一步——货款支付活动，更没有一个监控机制。

1988 年 8 月 23 日，有"海角天涯"之称的海南岛从广东省脱离，成立中国第 31 个省级行政区。海口，这个原本人口不到 23 万、总面积不足 30 平方公里的海滨小城一跃成为中国最大经济特区的首府，也成为了全国各地淘金者的"理想国"。

据《中国房地产市场年鉴（1996）》统计，1988 年，海南商品房平均价格为 1350 元/平方米，1991 年为 1400 元/平方米，1992 年猛涨至 5000 元/平方米，1993 年达到 7500 元/平方米的顶峰。短短三年，增长超过 4 倍。

高峰时期，这座总人数不过 160 万的海岛上竟然出现了两万多家房地产公司。平均每 80 个人一家房地产公司，这些公司当然不都是为了盖房子，而是为了炒房子？

由于投机性需求已经占到了市场的 70% 以上，一些房子甚至停留在设计图纸阶段，就已经被卖了好几道手。每一个玩家都想在游戏结束前赶快把手中的"花"传给下一个人。只是，不是每个人都有潘石屹这样的好运气。1993 年 6 月 23 日，当最后一群接到"花"的玩家正在紧张寻找下家时，终场哨声突然毫无征兆地吹响。当天，时任国务院副总理的朱镕基发表讲话，宣布终止房地产公司上市、全面控制银行资金进入房地产业。

这场调控的遗产，是给占全国 0.6% 总人口的海南省留下了占全国 10% 的积压商品房。全省"烂尾楼"高达 600 多栋、1600 多万平方米，闲置土地 18834 公顷，积压资金 800 亿元，仅四大国有商业银行的坏账就高达 300 亿元。吉利汽车老总李书福，1992 年在海南楼市泡沫中损失了 3000 万元，从此发誓不碰地产。

泡沫经济是对一地虚假繁荣经济的比喻，意指经济的发展不是凭内力驱出来的，而是在搓衣板上用肥皂搓出来的光环。这种看上去美丽的泡泡停留的时间短暂，一个微小的触动就足以让泡沫化为乌有。

由于贪婪，人们又会心生恐惧，恐惧又导致了危机；而当人们从恐惧中恢复过来的时候，再次陷入贪婪之中。一次次的恶性循环，也就导致了一次次的经济危机。

西方谚语说："上帝欲使人灭亡，必先使其疯狂。"回归理性，或许能使我们在贪婪和恐惧之间，找到一条财富之路。

# 节俭悖论：越节俭却越贫困的怪象

18世纪，一个名叫孟迪维尔的英国医生写了一首题为《蜜蜂的寓言》的讽喻诗。这首诗叙述了一个蜂群的兴衰史：

一群蜜蜂为了追求豪华的生活，大肆挥霍，结果这个蜂群很快兴旺发达起来。而后来，有一位有识之士站出来说，弟兄们，咱这么挥霍，对资源是多么大的浪费，那可不应该啊！众蜜蜂认为言之有理。于是大家吃也少了，用也省了，开支立马小了许多。也正因此，大家每天干活都不必那么起劲了，因为不必挣那么多呀！没过多久，这群本来挺兴旺的蜜蜂，变得没了生气，日渐衰落。

由于这群蜜蜂改变了习惯，放弃了奢侈的生活，崇尚节俭，结果却导致了整个蜜蜂社会的衰败。这本书的副标题是"私人的罪过，公众的利益"，意思是浪费是"私人的罪过"，但可以刺激经济，成为"公众的利益"。这部作品在当时被法庭判为"有碍公众视听的败类作品"，但是200多年后，英国经济学家凯恩斯从中受到启发，提出了"节俭悖论"。

20世纪20年代英国经济停滞和30年代全世界出现了普遍的生产过剩和严重失业。凯恩斯对此给出了让人们信服的经济学解释，凯恩斯从宏观上分析，在短期中决定经济状况的是总需求而不是总供给，对商品总需求的减少是经济衰退的主要原因。总需求决定了短期中国民收入的水平。总需求增加，国民收入增加；总需求减少，国民收入减少。从微观上分析，某个家庭勤俭持家，减少浪费，增加储蓄，往往可以致富；但从宏观上分析，节俭对于经济增长并没有什么好处：

公众节俭→社会总消费支出下降→社会商品总销量下降→厂商生产规模缩小，失业人口上升→国民收入下降、居民个人可支配收入下降→社会总消费支出下降……

引起 20 世纪 30 年代大危机的正是总需求不足，或者用凯恩斯的话来说是有效需求不足。节俭悖论告诉我们：节俭减少了支出，迫使厂家削减产量，解雇工人，从而减少了收入，最终减少了储蓄。储蓄为个人致富铺平了道路，然而如果整个国家加大储蓄，将使整个社会陷入萧条和贫困。

以上推理看似荒诞，但是若跟我们每个人的日常生活相联系，就不难发现其合理之处了。

一是"过分节流"看似积攒下不少财富，实则忽视了"开源"，从而失去了获取更多财富的可能性。靠精打细算、节衣缩食，只能达到小富即安的状态，并且这种安逸有时候是以牺牲生活品质为代价的；用控制欲望的方法最多只能是缩小收支缺口，而无法填平这一缺口。

二是节俭有可能让人安于现状，没有动力去投资理财。人们常说，心有多高，天就有多高。当满足于目前消费水平时，自然会想，何苦再去费力地赚更多的钱。

三是某些日常用品的重复性消费，好像每次都很节省，加在一起却是惊人的浪费。上中学时，很多人都有一台随身听，为了省钱大多舍不得买贵的耳机，而是用地摊儿上花十几元买的便宜货。结果是，经常断线，过段时间就不得不更换耳机。几年下来，花在廉价耳机上的钱要比买品牌耳机的钱还多，而且得忍受很多时候仅一只耳机响或是音效不好的状况。生活中类似耳机消费的事还很多。

1933 年当英国经济处于萧条时，凯恩斯曾在英国 BBC 电台号召家庭主妇多购物，称她们此举是在"拯救英国"。在《通论》中他甚至开玩笑地建议，如果实在没有支出的方法，可以把钱埋入废弃的矿井中，然后让人去挖出来。

已故的北京大学经济系教授陈岱孙曾说过，凯恩斯只是用幽默的方式鼓励人们多消费，并非真的让你这样做。但增加需求支出以刺激经济是凯恩斯本人和凯恩斯主义者的一贯思想。

我国的居民消费支出占 GDP 比重不到 40%，而美国超过了 70%，世界平均水平为 62%。居民消费不足，使得我国经济增长过多依靠外需。能否改变居民消费这个短板，是决定我们能不能从中国制造走向中国市场、能不能从投资主导走向消费主导、未来经济能不能可持续增长的关键。

我国经济发展的一个突出特点就是：储蓄率过高而消费率过低。因此，正确理解节俭悖论，有助于提高我们对高储蓄可能带来的不良后果的认识。居民消费需求不足，造成大量商品生产过剩，企业开工不足，失业人员增加，经济增长受到影响。在国际金融危机的背景下，为了刺激消费扩大内需，国家采取了积极的财政政策，扩大"低保"范围和提高"低保"标准等一系列措施鼓励大家消费，这些措施都是以扩大国民消费带动经济发展。

只有消费才能拉动生产，才能让整个经济活动持续和循环起来，明白了"节俭悖论"的内涵对于我国这样一个崇尚节俭的社会具有积极的意义，我们应该根据自身的收入水平适当消费，而不是一味地去节俭，这样对自身、对社会都具有积极作用。但是，"节俭悖论"不是要求我们要选择一种奢侈的生活方式，我国是一个口众多的国家，自然资源尤其是能源非常紧缺，非常有可能成为制约我国未来经济发展的主要因素，所以理性的选择是"有选择的奢侈"，而不是一味的、不分场合的奢侈。因此，我们不仅要让自己合理增加消费，也要大力提倡理性消费，理直气壮地反对浪费。

# 第十章

## 国际金融

## 汇率：各国货币的比价关系

　　故事发生在美国和墨西哥边界的小镇上。有一个单身汉在墨西哥一边的小镇上，他付了1比索买了一杯啤酒，啤酒的价格是0.1比索，找回0.9比索。转而他来到美国一边的小镇上，发现美元和比索的汇率是1美元：0.9比索。他把剩下的0.9比索换了1美元，用0.1美元买了一杯啤酒，找回0.9美元。回到墨西哥的小镇上，他发现比索和美元的汇率是1比索：0.9美元。于是，他把0.9美元换为1比索，又买啤酒喝。这样在两个小镇上喝来喝去，总还是有1美元或1比索。换言之，他一直在喝免费啤酒，这可真是个快乐的单身汉。

　　这个快乐的单身汉为什么能喝到免费的啤酒呢？这跟汇率有关系，在美国，美元与比索的汇率是1：0.9，但在墨西哥，美元和比索的汇率约为1：1.1。那么什么才是汇率呢？

　　汇率是一国货币兑换另一国货币的比率。由于世界各国货币的名称不同，币值不一，所以一国货币对其他国家的货币要规定一个兑换率，即汇率。

　　各国货币之所以可以进行对比，能够形成相互之间的比价关系，在于它们都代表着一定的价值量，这是汇率的决定基础。在金本位制度下，黄金为本位货币。两个实行金本位制度的国家的货币单位可以根据它们各自的含金量多少来确定它们之间的比价，即汇率。如在实行金币本位制度时，英国规定1英镑的重量为123.27447格令，成色为22开金，即含金量113.0016格令纯金；美国规定1美元的重量为25.8格令，成色为千分之九百，即含金量23.22格令纯金。根据两种货币的含金量对比，1 英镑 = 4. 8665 美元，汇率就以此为基础上下波动。

在纸币制度下，各国发行纸币作为金属货币的代表，并且参照过去的做法，以法令规定纸币的含金量，称为金平价，金平价的对比是两国汇率的决定基础。但是纸币不能兑换成黄金，因此，纸币的法定含金量往往形同虚设。所以在实行官方汇率的国家，由国家货币当局规定汇率，一切外汇交易都必须按照这一汇率进行。在实行市场汇率的国家，汇率随外汇市场上货币的供求关系变化而变化。

汇率是两种不同货币之间的比价，因此汇率多少，必须先确定用哪个国家的货币作为标准。由于确定的标准不同，于是产生了几种不同的外汇汇率标价方法。

（1）直接标价法

直接标价法，又叫应付标价法，是以一定单位（1、100、1000、10000）的外国货币为标准来计算应付出多少单位本国货币。就相当于计算购买一定单位外币所应付多少本币，所以就叫应付标价法。在国际外汇市场上，包括中国在内的世界上绝大多数国家目前都采用直接标价法。如日元兑美元汇率为 119.05，即 1 美元兑 119.05 日元。

在直接标价法下，若一定单位的外币折合的本币数额多于前期，则说明外币币值上升或本币币值下跌，叫作外汇汇率上升；反之，如果要用比原来较少的本币即能兑换到同一数额的外币，这说明外币币值下跌或本币币值上升，叫作外汇汇率下跌，即外币的价值与汇率的涨跌成正比。

（2）间接标价法

间接标价法又称应收标价法。它是以一定单位（如 1 个单位）的本国货币为标准，来计算应收若干单位的外汇货币。在国际外汇市场上，欧元、英镑、澳元等均为间接标价法。如欧元兑美元汇率为 0.9705，即 1 欧元兑 0.9705 美元。在间接标价法中，本国货币的数额保持不变，外国货币的数额随着本国货币币值的变化而变化。如果一定数额的本币能兑换的外币数额比前期少，这表明外币币值上升，本币币值下降，即外汇汇率下跌；反之，如果一定数额的本币能兑换的外币数额比前期多，则说明外币币值下降、本币币值上升，即外汇汇率上升，即外汇的价值和汇率的升跌成反比。因此，间接标价法与直接标价法相反。

由于直接标价法和间接标价法所表示的汇率涨跌的含义正好相反，所以在引用某种货币的汇率和说明其汇率高低涨跌时，必须明确采用哪种标价方法，以免混淆。

随着经济全球化的发展，世界各国之间的经济往来越来越紧密，而汇率作为各国之间联系的重要桥梁，发挥着重要作用。

（1）汇率与进出口。一般来说，本币汇率下降，即本币对外的币值贬低，能起到促进出口、抑制进口的作用；若本币汇率上升，即本币对外的比值上升，则有利于进口，不利于出口。

汇率是国际贸易中最重要的调节杠杆。因为一个国家生产的商品都是按本国货币来计算成本的，要拿到国际市场上竞争，其商品成本一定会与汇率相关。汇率的高低也就直接影响该商品在国际市场上的成本和价格，直接影响商品的国际竞争力。

（2）汇率与物价。从进口消费品和原材料来看，汇率的下降要引起进口商品在国内的价格上涨。至于它对物价总指数影响的程度则取决于进口商品和原材料在国民生产总值中所占的比重。反之，本币升值，其他条件不变，进口品的价格有可能降低，从而可以起抑制物价总水平的作用。

（3）汇率与资本流出入。短期资本流动常常受到汇率的较大影响。当存在本币对外贬值的趋势下，本国投资者和外国投资者就不愿意持有以本币计值的各种金融资产，并会将其转兑成外汇，发生资本外流现象。同时，由于纷纷转兑外汇，加剧外汇供求紧张，会促使本币汇率进一步下跌。反之，当存在本币对外升值的趋势下，本国投资者和外国投资者就力求持有的以本币计值的各种金融资产，并引发资本内流。同时，由于外汇纷纷转兑本币，外汇供过于求，会促使本币汇率进一步上升。

世界上没有完美无缺的事物，对于任何一个国家来说，汇率都是一把"双刃剑"。汇率变动究竟会带来怎样的好处与坏处，要视一个国家的具体情况而定。

# 货币升值：人民币升值的"幻觉"

货币升值是指某国货币相对于其他国家来说价值增加或上升了。自 2005 年 7 月 21 日我国开始实行以市场供求为基础、参考一揽子货币进行调节、有管理的浮动汇率制度以来，人民币兑美元中间价屡创新高，升值幅度逐渐加快。2005 年人民币对美元升值 2.56%，2006 年升值 3.35%，2007 年升值 6.9%。到 2008 年，人民币兑美元汇率中间价已经突破 7.0 的关口，再创汇改以来新高。

在人民币大幅升值的背景下，有人认为人民币升值是中国国力昌盛、强大的表现，它是人民币走向世界的前奏曲；有人则认为对于我们这样一个欠发达的人口大国来讲，人民币升值是一种虚假繁荣，是一种泡沫。

人民币升值后，中国老百姓不无惊喜地发现，对比美元，自己手中的人民币越发"禁花"了。这样的对比，确实"看上去很美"。实际上，对此是有人欢喜有人忧。因为，人民币升值涉及方方面面，利益与损失交错。

持续几年的人民币升值，对我们到底有哪些益处？这是人们关心的问题。

第一，扩大国内消费者对进口产品的需求，使他们得到更多实惠。人民币升值给国内消费者带来的最明显变化，就是手中的人民币"更值钱"了，当然这是相对于购买国外的产品或服务而言的。你如果出国留学或旅游，将会花比以前更少的钱；或者说，花同样的钱，将能够办比以前更多的事。如果买进口车或其他进口产品，你会发现，它们的价格变得"便宜"了，从而让老百姓得到更多实惠。伴随着人民币的升值，中国人在世界很多地方花钱比以前更加划算了。

第二，减轻进口能源和原料的成本负担。我国是一个资源匮乏的国家，大量能源和原料需要进口。在国际能源和原料价格比较高的情况下，国内企业势必承受越来越重的成本负担。目前我国需要大量的能源和原材料用于国内建设和发展，如果人民币升值到合理的程度，便可大大减轻我国进口能源和原料的负担，从而使国内企业降低成本，增强竞争力。

第三，有利于实现我国的产业结构调整。随着人民币的升值，部分无技术含量、无品牌附加值的低级加工贸易，必将遭到淘汰。长期以来，我国依靠廉价劳动密集型产品的数量扩张实行出口导向战略，使出口结构长期得不到优化，我国在国际分工中因此一直扮演"世界打工仔"的角色。人民币适当升值，有利于推动出口企业提高技术水平，改进产品档次，从而促进我国的产业结构调整，改善我国在国际分工中的地位。

第四，有助于缓和我国和主要贸易伙伴的关系。鉴于我国出口贸易发展的迅猛势头和日益增多的贸易顺差，我国的主要贸易伙伴一再要求人民币升值。对此，简单地说"不"，对贸易双方都没有好处。因为这会不断恶化我国和它们的关系，给我国对外经贸发展设置障碍。人民币适当升值，可有效减少经贸纠纷。

不过，不能笼统地说，人民币升值了对我们有好处，其实人民币升值对我们也有实在的负面影响。要不然，人民币早就大幅升值了。当人民币升值以后，由于有利于进口，不利于出口，我们可以更便宜地买到外国的商品，但我们将本国商品卖给外国就难了，很多出口企业因为人民币升值而无法生存下去，由此带来失业率的上升。

此外，人民币升值对我国巨额外汇储备也产生缩水的威胁。目前，中国的外汇储备高达2万多亿美元，居世界第一位。充足的外汇储备是我国经济实力不断增强、对外开放水平日益提高的重要标志，也是我们促进国内经济发展、参与对外经济活动的有力保证。然而，人民币升值使得巨额外汇储备面临缩水的威胁。假如人民币兑美元等主要可兑换货币升值10%，则我国的美元外汇储备便缩水10%。这是我们不得不面对的严峻问题。

当然，人民币升值还会影响金融市场的稳定。人民币如果升值，大量境外短期投机资金就会乘机而入，大肆炒作人民币汇率。在中国金融市场发育还很不健全的情况下，这很容易引发金融货币危机。

其实，人民币升值以后，最大的负面影响无疑是劳动力就业出现问题。在国际市场上，我国产品尤其是劳动密集型产品的出口价格远低于别国同类产品价格。究其原因，一是我国劳动力价格低廉，二是由于激烈的国内竞争，使得出口企业不惜血本，竞相采用低价销售的策略。人民币一旦升值，为维持同样的人民币价格底线，用外币表示的我国出口产品价格将有所提高，这会削弱其价格竞争力；而要使出口产品的外币价格不变，则势必挤压出口企业的利润空间，这不能不对出口企业特别是劳动密集型企业造成冲击。而我国出口产品的大部分是劳动密集型产品，出口受阻必然会加大就业压力。

人民币升值有利有弊，但人民币究竟升值还是贬值，以及升值或贬值的幅度有多大，都需要政府依据各方情势仔细权衡。

需要指出的是，普通老百姓对人民币升值的理解，表面上看是"更值钱""更划算"，但是，普通老百姓很容易陷入人民币升值预期下的"货币幻觉"。具体说来，就是如果人民币相对美元升值，也意味着个人的人民币资产相对美元更值钱。但价格只存在于交易当中，如果个人不打算与外币进行兑换或交易，不打算购买美国商品，不打算出国旅游，不打算投资美国资本市场，你就享受不到这部分相对于外币而言增值的人民币带来购买力增加的好处。

## 货币贬值：钱变得不值钱了

　　汕滴戌村位于泰国北部阳光明媚的平原上，10多年前亚洲金融危机爆发后，该村村民便开始自行印制货币了。当时，由于大量热钱涌向国外，泰国货币——"铢"急剧贬值。当地村民无奈之下，便通过自行印制货币以求自保，这种山寨货币上的图案是当地儿童绘制的水牛和寺院。在村子里的集市上，许多村民都用当地货币购买日用品，如新鲜蔬菜、猪肉、水果。而这种货币的流通范围还在不断扩大，甚至连附近的碾米厂也开始收这种钱。

　　其实，这种现象的直接原因在于泰国的法定货币"泰铢"不断贬值，而导致当地村民不愿意使用本国货币。那么，什么是货币贬值呢？

　　货币贬值是货币升值的对称，是指单位货币所含有的价值或所代表的价值的下降，即单位货币价格下降。

　　从国内角度看，货币贬值在金属货币制度下是指减少本国货币的法定含金属量，降低其对金属的比价，以降低本国货币价值的措施；货币贬值在现代纸币制度下是指流通中的纸币数量超过所需要的货币需求量即货币膨胀时，纸币价值下降。从国际角度看，货币价值表示为与外国货币的兑换能力，它具体反映在汇率的变动上，这时货币贬值就是指一单位本国货币兑换外国货币能力的降低，而本国货币对外汇价的下降。例如，如果100美元去年兑换300元人民币，今年兑换400元人民币，则人民币贬值了。货币贬值在国内引起物价上涨现象。但由于货币贬值在一定条件下能刺激生产，并且降低本国商品在国外的价格，有利于扩大出口和减少进口，因此第二次世界大战后，许多国家把它作为反经济危机、刺激经济发展的一种手段。

实际上，当一种货币大幅度贬值是不是真的能达到预期的目标，贬值是否能促进出口的增加和经济的好转？恐怕答案未必是肯定的。

有效贬值是基于这样一个假设：两个国家、两种货币，即只有本国与外国、本币与外币，本币贬值即是外币升值。现实情况却是，目前全球有 200 多个经济体，出于主权的考虑，几乎每个经济体都有自己的货币，因此，一种货币面对的不是一种外币而是多种外币，外国也是一个集合概念、一个国家的外国，同时是他国的外国，每个国家面对的是一个共同的而不是分割的国际市场，况且出口市场并不是无限的，而是有限的。进口国还会设置很多进口限制措施。国家之间不仅存在贸易伙伴关系，还存在出口竞争。

为简便起见，假设某一商品的国际市场只有 $a$、$b$ 两个供应国即出口国为出口竞争关系，其他国家均为需求国即进口国，$a$、$b$ 各占市场份额 50%，首先，$a$ 国的国际收支出现逆差，为改善其逆差状况，采用货币贬值政策，$a$ 国的货币贬值有效。增加了出口，而扩大的份额正是 $b$ 国丧失的份额。$b$ 国不甘心份额的减少。也采取贬值措施，争回失去的份额，由此开始产生一轮又一轮恶性贬值竞争，形成贬值陷阱。

首先，从单个国家来看，$a$、$b$ 两国的每一轮货币贬值都是有效的，第一轮贬值中，$a$ 国货币贬值 10%，市场份额由 50% 增加到 75%，出口需求弹性 2.5（2.5 = 25%/10%），$b$ 国的贬值同样是有效的，$b$ 国货币贬值 10% 后市场份额由剩下的 25% 恢复到 50%，弹性也是 2.5，第二轮贬值同样具有弹性，且同样有效，如此可以循环往复。

最后，从总体而言，贬值却是无效的，因为，经过两轮甚至多轮贬值，市场份额又回到初始状态，仍然是 50% 对 50%。再深入的结论是，这种贬值对改善一国的国际收支无效，它实际上会恶化一国的国际收支，并通过联动效应、恶化所有参与恶性贬值竞争国的国际收支。经过两轮贬值后，两种货币的汇率比初始期均贬值 19%（19% = 100% − 90% × 90%），市场份额却保持不变，即出口量保持不变，意味着两个国家的出口收入均下降19%，这种从单独一次来看贬值有效，而从总体来看贬值无效的现象，可称之为"贬值陷阱"。

贬值陷阱是一个怪圈，因为从每一轮贬值来看，好似效果都很明显，刺激了各国运用货币贬值政策来解决国际收支问题的偏好，而将效果不明显归咎于贬值力度不够，从而更加大幅度贬值。然而，这种货币贬值的结果使国际收支状况更加恶化，是无效的，而且连带其他国家同陷国际收支失衡泥潭。

在现实的国际贸易中，某个国家的货币贬值还有可能引发周边国家的货币连锁贬值。果真如此的话，这会使发展中国家的贸易条件轮番恶化，不仅无法刺激本国出口，实际反而将国内资源补贴给了国外消费者。贬值即便可以产生短期效应，但对于长期效应而言，无疑是泼瓢冷水。此外，货币贬值会刺激资金外流，一旦外资形成货币贬值预期，将会大规模流出，从而导致资本市场更加动荡，不利于经济稳定。

# 热钱：经济动荡的幕后黑手

　　在 1848 年的美国政府中，专业的马戏团小丑丹·赖斯，在为扎卡里·泰勒竞选宣传时，使用了乐队花车的音乐来吸引民众注目。此举为泰勒的宣传取得了成功，越来越多的政客为求利益而投向了泰勒。到 1900 年，威廉·詹宁斯·布莱恩参选美国总统选举时，乐队花车已成为竞选不可或缺的一部分。由此学界产生了一个术语：从众效应——又被称为"乐队花车效应"。因为"从众效应"同样在平民中得到应验：在总统竞选时，参加游行的人们只要跳上了搭载乐队的花车，就能够轻松地享受游行中的音乐，又不用走路，因此，跳上花车就代表了"进入主流"。于是，越来越多的人跳上花车。这种效应在资本市场被称为"热钱羊群效应"，指的是一种典型的"套利投机性质"的"异常情况"：受从众效应影响，当购买一件商品的人数增加，人们对它的偏爱也会增加。这种关系会影响供求理论所解释的现象，因为供求理论假设消费者只会按照价格和自己的个人偏爱来买东西。比如在股票市场中，如果某一只股票有很多人在买，那么买的人就会越来越多。所以在证券交易市场中，从众效应可以使一支证券短时间内提升至一个不合理水平。而这些在短期内推动证券大幅上涨的资本，就是投机性短期资本，即热钱。

　　热钱，又称游资，或叫投机性短期资本，指为追求最高报酬及最低风险而在国际金融市场上迅速流动的短期投机性资金。它的最大特点就是短期、套利和投机。国际间短期资金的投机性移动是为了逃避政治风险，追求汇率变动、重要商品价格变动或国际有价证券价格变动的利益。

热钱在市场活动中无处不在：石油、股市、楼市、粮市……任何大宗商品价格的涨跌都与热钱脱不了干系。热钱是市场中一只看不见的手，而这只手的力量是巨大的，2008年油价的大起大落，全球股市的巨大动荡都与这只市场中的"黑手"有着密切的关系。

2009年以来，包括"金砖四国"在内的新兴市场股票出现大幅上涨。俄罗斯莫斯科时报指数自年初以来累计涨幅已经高达135%，在彭博社跟踪监测的全球89个股票市场中涨幅第一；从3月到10月，200多亿美元外资涌入巴西股市，将圣保罗股市的博维斯帕指数推高至67239点，比年初上升了79%；而印度和中国股市当时累计涨幅也均超过了75%。而与之形成鲜明对比的是，覆盖20多个发达市场的MSCI世界指数自年初以来仅涨了约25%，美股涨幅不到14%。

热钱的流入将造成一国资本项目顺差、外汇储备激增、本币大幅升值、流动性过剩以及资产市场行情火爆，而热钱流出造成一国资本外逃（资本项目逆差）、外汇储备骤降、本币大幅贬值、流动性紧缩以及资产价格泡沫破灭等大难题。最令人不安的是热钱流动方向的突然逆转，通常会成为新兴市场国家金融危机的导火索。

2009年11月18日央行发布的数据显示，截至10月末我国外汇占款达18.766万亿元，月度新增2286亿元，增量较9月下降超过四成。不过，这一增量仍属较高水平。此外，10月份我国FDI增量达71亿美元，贸易顺差达240亿美元，超过9月份近一倍。

美元贬值和中国经济复苏带来的逐利冲动，正催促国际热钱潮涌中国。在适度宽松的货币政策和贸易便利化的外汇政策下，押注人民币升值预期的热钱不断翻新资本流入方式，加剧境内流动性过剩，推高资产价格。

自从2005年7月21日人民银行宣布1美元兑8.27元人民币汇率调整为1美元兑8.11元人民币那一刻起，人民币升值的步伐便不可阻挡。因为大量的国际资本看好中国，它们以各种形式涌向中国，将外币换成人民币。当然，他们的目的只有一个，就是为了赚钱，他们赚钱的方式有以下几种。第一，等人民币汇率升到一定程度，比如15%，就将换来的人民币换回美元，手上就比当初多了15%的美元，这就是套汇。第二，换成人民币后存进中国的银行里吃利息，只要中国提高利率，就能赚钱，这是套利。第三，购买人民币资产。热钱不是用来建厂，而是用来买股票、买房子，他们要搭上中国经济成长的快车。

自2005年以来，人民币一直处于持续升值或升值预期中，吸引了大量国外游资流入了中国市场，这就是国际热钱。这些"游资"的目的就是赚钱，根据资本的"洼地效应"，哪里预期有利润就会冲到哪里。过多热钱进入中国会加大市场的流动性，造成流动性过剩，而货币供给越多，中国面临的通胀压力就越大。此外，热钱加大了人民币升值压力。而投机资金进入股市、楼市后，容易制造泡沫。而热钱还会给股市造成严重伤害。

总体来说，预防热钱危机要做好以下几方面的工作：

（1）加强外汇监测体系，及早察觉外汇在本国的异常流动。

（2）注意政策、制度的可逆性设计，一旦热钱大量外流时，政策制度可以进行相应的应对和补救。

（3）保持理性政策，防止经济大起大落。保持经济的平衡增长而不是追求过度的繁荣，始终是稳定国家货币和金融体系的根本。

以越南为例，在经历热钱危机后，在金融开放进程上不再过于求大求快，而是通过制度化对资金进行约束，引导它为优化经济结构服务。央行不仅缩减了货币供应量，还对贷款采取了更加严格的措施。此外，越南计划对外国资本占有股份上限加以规定，据悉，目前越南的上市公司外国资本只允许最多占有49%。在2008年5月，东南亚国家联盟10国以及中国、日本和韩国3国计划出资至少800亿美元建立共同外汇储备基金，以帮助参与国抵御可能发生的金融危机，维护地区金融稳定，这无疑是构筑了一道强大的堤坝，以遏制"热钱"再度兴风作浪。

　　2002 年，曾经担任美国总统经济顾问委员会主席、世界银行首席经济学家、诺贝尔奖得主斯蒂格利兹教授出版专著《全球化及其对它的不满》，详尽剖析了投机热钱对国家金融稳定的巨大危害。他的结论是："我们必须采取措施对'热钱'实现监管和征税。国际金融组织不仅不应该反对和阻挠对热钱的监管和征税；相反，它们应该行动起来，更好地监管投机'热钱'。"

## 外汇储备：抵御金融风暴的双刃剑

1998 年 8 月的中国香港，"山雨欲来风满楼。"国际金融"大鳄"调动巨额资金冲击港币，一时间香港联系汇率制度风雨飘摇。8 月 14 日到 8 月 28 日，香港特别行政区政府先后调动 1180 亿港元的外汇储备投入市场，与国际炒家展开了激烈的"白刃战"。国际金融"大鳄"遭到迎头痛击，最终铩羽而归，香港特别行政区政府成功捍卫了香港联系汇率制度。在这场金融阻击战中，外汇储备的作用不可小觑。

外汇储备又称为外汇存底，指一国政府所持有的国际储备资产中的外汇部分，即一国政府保有的以外币表示的债权。是一个国家货币当局持有并可以随时兑换外国货币的资产。狭义而言，外汇储备是一个国家经济实力的重要组成部分，是一国用于平衡国际收支，稳定汇率，偿还对外债务的外汇积累。

广义而言，外汇储备是指以外汇计价的资产，包括现钞、国外银行存款、国外有价证券等。外汇储备是一个国家国际清偿力的重要组成部分，同时对于平衡国际收支、稳定汇率有重要的影响。

外汇储备的具体形式是：政府在国外的短期存款或其他可以在国外兑现的支付手段，如外国有价证券，外国银行的支票、期票、外币汇票等。主要用于清偿国际收支逆差，以及干预外汇市场以维持本国货币的汇率。

截至 2009 年年底，中国大陆外汇储备达到 2.3 万亿美元，排名世界经济体第一。如此巨额的外汇储备是怎么来的呢？

外汇储备的增加主要来源于国际收支顺差。中国改革开放以来，中国开放经济发展是突飞猛进的，这段时期里，中国经济发展最突出特点之一就是对外贸易增长快于国民经济增长，对外贸易依存度持续上升到国际最高水平，中国多年的出口导向战略为中国创造了世界第一的外汇储备，国际组织对认为中国的外贸神话是全球化时代最大的成功故事。正是连年的贸易顺差才积累起如此庞大的外汇储备。

很多人认为外汇储备越多越能代表国家经济强盛，事实上，持有外汇储备的多少不一定能代表国家经济发展的好坏。

外汇储备作为一个国家经济金融实力的标志，它是弥补本国国际收支逆差、抵御金融风暴、稳定本国汇率以及维持本国国际信誉的物质基础。对于发展中国家来说，往往要持有高于常规水平的外汇储备。但是，外汇储备并非多多益善，近年来中国外汇储备规模的急剧扩大对经济发展产生了许多负面影响。

（1）损害经济增长的潜力。一定规模的外汇储备流入代表着相应规模的实物资源的流出，这种状况不利于一国经济的增长。如果中国的外汇储备超常增长持续下去，将损害经济增长的潜力。

（2）带来利差损失。据保守估计，以投资利润率和外汇储备收益率的差额的2%来看，若拥有6000亿美元的外汇储备，年损失高达100多亿美元。如果考虑到汇率变动的风险，这一潜在损失更大。另外，很多国家外汇储备构成中绝大部分是美元资产，若美元贬值，则该国的储备资产将严重缩水。

（3）存在着高额的机会成本损失。中国每年引进大约500亿美元的外商投资，为此国家要提供大量的税收优惠；同时，中国持有大约1万多亿美元的外汇储备，闲置不用。这样，一方面国家财政收入减少；另一方面老百姓省吃俭用借钱给外国人花，其潜在的机会成本不可忽视。

（4）削弱了宏观调控的效果。在现行外汇管理体制下，央行负有无限度对外汇资金回购的责任，因此随着外汇储备的增长，外汇占款投放量不断加大。外汇占款的快速增长不仅从总量上制约了2004年以来宏观调控的效力，还从结构上削弱宏观调控的效果，并进一步加大人民币升值的压力，使央行调控货币政策的空间越来越小。

（5）影响对国际优惠贷款的运用。外汇储备过多会使中国失去国际货币基金组织（IMF）的优惠贷款。按照IMF的规定，外汇储备充足的国家不但不能享受该组织的优惠低息贷款，还必须在必要时对国际收支发生困难的其他成员国提供帮助。这对中国来讲，不能不说是一种浪费。

（6）加速"热钱"流入，引发或加速本国的通货膨胀。

那么，如何才能有效管理外汇储备呢？各国政府管理和经营外汇储备，一般都遵循安全性、流动性和盈利性三个原则。

安全性是指外汇储备应存放在政治稳定、经济实力强的国家和信誉高的银行，并时刻注意这些国家和银行的政治和经营动向；要选择风险小、币值相对稳定的币种，并密切注视这些货币发行国的国际收支和经济状况，预测汇率的走势，及时调整币种结构，减少汇率和利率风险；还要投资于比较安全的信用工具，如信誉高的国家债券，或由国家担保的机构债券等。

流动性是指保证外汇储备能随时兑现和用于支付，并做到以最低成本实现兑付。各国在安排外汇资产时，应根据本国对一定时间内外汇收支状况的预测，并考虑应付突发事件，合理安排投资的期限组合。现金和国库券流动性较强，其次是中期国库券、长期公债。

盈利性是指在保证安全和流动的前提下，通过对市场走势的分析预测，确定科学的投资组合，抓住市场机会，进行资产投资和交易，使储备资产增值。

但是，安全性、流动性和盈利性三者不可能完全兼得。一般高风险才能有高收益，盈利大的资产必然安全性差，而安全性、流动性强的资产必然盈利低。所以，各国在经营外汇储备时，往往各有侧重。比如富国多重视流动性，以随时干预外汇市场或用于对外支付，小国和资源贫乏国家多看重价值增值和财富积累。一般来说，应尽可能兼顾这三项原则，采用投资组合的策略，"不把所有的鸡蛋放在一个篮子里"，实行外汇储备的多元化经营，降低风险，实现增值。